Michael Freiburghaus

Jesus ist das Evangelium!

Solothurner Predigten 2013-2014

Bibelzitate sind der revidierten Elberfelderbibel entnommen:

REVIDIERTE ELBERFELDER BIBEL © 1985/1991/2006 SCM-VERLAG GMBH & CO. KG, WITTEN

Mit freundlicher Erlaubnis des Verlages.

Das Titelbild zeigt die drei Fenster der Pauluskirche Egerkingen, die von Karl Imfeld 1985 gestaltet wurden.

Meiner Frau Christina gewidmet,
die in den schwierigsten Zeiten meines Lebens treu zu mir gestanden ist

Für die Kirchgemeinden Gäu und Fulenbach mit den Dörfern
Egerkingen-Gunzgen-Neuendorf-Wolfwil-Niederbuchsiten-Oberbuchsiten-Härkingen-Fulenbach

Herstellung und Verlag:
BoD - Books on Demand, Norderstedt
ISBN 978-3-7412-5292-1

Inhaltsverzeichnis

1. Gott liebt dich!......5
2. Weihnachten: Fürchte dich nicht!......15
3. Erster und letzter Satz von Jesus!......20
4. Karfreitag: Die sieben Sätze von Jesus am Kreuz!......22
5. Ostern: Jesus besiegt Teufel, Tod, Hölle, Welt und Sünde!......27
6. Auffahrt: Jesus wird König!......37
7. Pfingsten: Der Heilige Geist kommt!......45
8. Ist Gott dreieinig?......55
9. Was ist das Wort Gottes?......62
10. Der Herr ist mein Hirte!......70
11. Jesus begegnet dir!......76
12. Und vergib uns unsere Schuld, wie auch wir vergeben unseren Schuldigern!......83
13. Und führe uns nicht in Versuchung, sondern erlöse uns von dem Bösen!......89
14. Wie sprechen wir mit Gott?......95
15. Was ist die Reformation?......98
16. Bist du tauglich für Jesus?......104
17. Wegen guter Führung entlassen?......109
18. Zweifelst du an Gott und an Jesus?......114

Schlusswort oder: Wie weiter?...121

Danksagungen..121

Quellenverzeichnis..122

Verfasser...124

1. Gott liebt dich!

„Wenn ich in den Sprachen der Menschen und der Engel rede, aber keine Liebe habe, so bin ich ein tönendes Erz geworden oder eine schallende Zimbel. Und wenn ich Weissagung habe und alle Geheimnisse und alle Erkenntnis weiß, und wenn ich allen Glauben habe, so dass ich Berge versetze, aber keine Liebe habe, so bin ich nichts. Und wenn ich alle meine Habe zur Speisung der Armen austeile und wenn ich meinen Leib hingebe, damit ich Ruhm gewinne, aber keine Liebe habe, so nützt es mir nichts. Die Liebe ist langmütig, die Liebe ist gütig, sie neidet nicht, die Liebe tut nicht groß, sie bläht sich nicht auf, sie benimmt sich nicht unanständig, sie sucht nicht das Ihre, sie lässt sich nicht erbittern, sie rechnet Böses nicht zu, sie freut sich nicht über die Ungerechtigkeit; sondern sie freut sich mit der Wahrheit, sie erträgt alles, sie glaubt alles, sie hofft alles, sie erduldet alles. Die Liebe vergeht niemals; seien es aber Weissagungen, sie werden weggetan werden; seien es Sprachen, sie werden aufhören; sei es Erkenntnis, sie wird weggetan werden. Denn wir erkennen stückweise, und wir weissagen stückweise; wenn aber das Vollkommene kommt, wird das, was stückweise ist, weggetan werden. Als ich ein Kind war, redete ich wie ein Kind, dachte wie ein Kind, urteilte wie ein Kind; als ich ein Mann wurde, tat ich weg, was kindlich war. Denn wir sehen jetzt mittels eines Spiegels undeutlich, dann aber von Angesicht zu Angesicht. Jetzt erkenne ich stückweise, dann aber werde ich erkennen, wie auch ich erkannt worden bin. Nun aber bleibt Glaube, Hoffnung, Liebe, diese drei; die Größte aber von diesen ist die Liebe" (1.Korintherbrief 13,1-13).

1.1 Liebe ist

A) *„langmütig"*, sie hat einen langen Atem, auch bei Provokationen verzweifelt sie nicht.

B) *„gütig"*, grosszügig und hilfsbereit.

C) Jetzt folgen acht Erklärungen, was die Liebe nicht ist: *„sie (er)eifert (sich) nicht"*, die Christen in der Stadt Korinth, an die dieser Brief gerichtet ist, eiferten damals um die Geistesgaben, besonders um die Gabe der Zungenrede (vgl. 1.Korintherbrief 3,3). Dies ist gut, aber es muss in Liebe geschehen, nicht um der eigene Ehre willen.

D) *„sie neidet nicht"*, *„prahlt nicht/treibt nicht Mutwillen"*, Schwätzer, die sich aufplustern, sich mit fremden Federn schmücken. Die Liebe ist nicht arrogant.

E) *„die Liebe tut nicht groß"*, *„bläht sich nicht auf"*, sie spielt sich nicht auf. Damals in Korinth und auch heute gab es einige, die sich lobten, weil sie von Gott spezielle Geistesgaben erhielten oder weil sie sich einbildeten, eine besondere Erkenntnis von Gott zu besitzen (vgl. 1.Kor. 8,1).

F) *„benimmt sich nicht unanständig"*, sondern sie hat Anstand und Manieren.

G) *„sucht nicht das Ihre/ihren Vorteil"*, sie ist nicht egoistisch, sondern selbstlos.

H) *„lässt sich nicht erbittern/zum Zorn reizen"*, auch wenn man schwierige Erfahrungen macht wie z.b. beleidigt oder nicht beachtet wird. Sie reagiert weder mit Wutausbrüchen noch mit Aggressivität.

I) *„rechnet Böses nicht zu"*, sie *„trägt das Böse nicht nach."* Sie ist nicht nachtragend. Liebe vergilt nicht Böses mit Bösem (vgl. Römerbrief 12,21), sondern vergibt dem anderen Menschen. Sie *„denkt nicht an das Böse"*, sondern an das Gute. Was wir in unsere Gedanken lassen, das prägt uns. Unsere Kämpfe werden in den Gedanken entschieden. Aus Gedanken folgen Worte, dann Taten, dadurch unser Charakter und so unser Schicksal (Original: „We sow a thought and reap an act; We sow an act and reap a habit; We sow a habit and reap a character; We sow a character and reap a destiny". Englisches Sprichwort des 19.Jh., das verschiedenen Schriftstellern zugeschrieben oder als chinesisches Sprichwort ausgegeben wird; Vgl. Sprüche 23,7). Ein englisches Sprichwort: „Input = Output". Wenn wir nur Müll in unsere Gedanken lassen, wird auch nur Müll dabei herauskommen.

J) *„freut sich nicht über das Unrecht/Ungerechtigkeit"*, sie freut sich nicht über die Sünde des Mitmenschen, um selber besser dazustehen. Sie ist nicht schadenfroh.

K) *„sondern sie freut sich mit der Wahrheit"*, und an der Gerechtigkeit.

L) *„erträgt alles"*, auch hält sie Anfeindungen und Druck stand.

M) *„glaubt alles"*, begegnet dem anderen ohne Misstrauen.

N) *„hofft alles"*, für Gott und „die Liebe gibt es keine hoffnungslosen Fälle" (Wolfgang Schrage, EKK VII/3, S. 302).

O) *„erduldet alles"*, *„hält allem stand"*, auch dem Leiden und Beleidigungen.

Heftig deftig! Für uns Menschen ist eine solch gewaltige Liebe eine pure Überforderung! Aber Entwarnung: Hier ist in erster Linie von der Liebe Gottes die Rede! Denn: *„Gott ist Liebe"* (1.Johannesbrief 4,8+16). Wie zeigt Gott uns seine Liebe? Gott Vater sandte seinen Sohn Jesus Christus auf diese Welt. Dieser Text über die Liebe beschreibt den Charakter von Jesus. Jesus Christus ist der Sohn Gottes, der Mensch wurde und auf diese Welt kam. Er tat nie eine Sünde. Trotzdem nahm er unsere Sünde auf sich. Er starb am Kreuz am Karfreitag im Jahr 30 n.Chr. auf dem Hügel Golgatha. Als Jesus starb, wurde auch unsere Sünde vernichtet. Gott Vater weckte seinen Sohn Jesus am dritten Tag, an Ostern, von den Toten auf, damit wir ein Leben mit Gott erhalten können. In der Bibel wird dies so ausgedrückt: *„Denn Gott hat die Welt so sehr geliebt,* *dass er seinen einzigen Sohn [Jesus] hingab, damit jeder, der an ihn glaubt, nicht verloren geht, sondern das ewige Leben hat"* (Johannesevangelium 3,16). Was heisst glauben? Jesus vertrauen, eine Beziehung mit ihm führen, mit ihm reden im Gebet. Mit einem einfachen Gebet können wir Jesus in unser Leben einladen. Dies ist kurz zusammengefasst das EVANGELIUM, die frohe Botschaft und gute Nachricht.

1.2 Wenn ich...

A) Wenn ich *„in den Sprachen der Menschen und der Engel rede, aber keine Liebe habe, so bin ich ein tönendes Erz geworden oder eine schallende Zimbel"* (1.Kor. 13,1). *„In den Sprachen der Menschen [...] reden"* heisst in Fremdsprachen sprechen, um anderen Menschen den christlichen Glauben zu erklären. „Die Sprachen der Engel" wird auch „Zungenrede" oder „Sprachengebet" genannt: Es ist eine Gebetssprache, die der Heilige Geist einigen Christen schenkt, um innig mit Gott zu sprechen. Wahrscheinlich ist es eine Art Aramäisch. Die Zungenrede erbaut und stärkt den Gläubigen. Es ist eine intime Gebetssprache, die der Beter oft selber nicht versteht.

„...so bin ich ein tönendes Erz geworden oder eine schallende Zimbel", eine kaputte Gitarre oder ein verstimmtes Klavier, eine Dissonanz. Geräusche, die den Ohren weh tun. Keine Harmonie.

B) Wenn ich *„Weissagung habe und alle Geheimnisse und alle Erkenntnis weiß, und wenn ich allen Glauben habe, so dass ich Berge versetze, aber keine Liebe habe, so bin ich nichts."* *„Weissagung habe"* heisst prophetisch reden. Wenn Gott übernatürlich zu uns redet durch die Bibel, Bilder, Visionen, seine hörbare Stimme, Engel oder auf andere Weise. In einem seelsorgerlichen Gespräch zeigt Gott das eigentliche Problem, oft auch zur Überraschung des Betenden (vgl. 1.Kor. 14,24-25).

„*alle Geheimnisse*" bezieht sich auf die Geheimnisse des Glaubens.
„*alle Erkenntnis*", die Erkenntnis von Gott oder im Glauben komplizierte Lehren verstehen.

Mit heutigen Worten ausgedrückt: Wenn ich Professor der Theologie bin, alle theologischen Bücher gelesen habe und prophetische Seelsorge betreibe, aber keine Liebe habe, dann bin ich nichts und es tönt schrecklich.

C) Wenn ich „*allen Glauben habe, so dass ich Berge versetze, aber keine Liebe habe, so bin ich nichts*" (1.Kor. 13,2b). Paulus bezieht sich hier auf ein Zitat von Jesus, der spricht: „*Wenn ihr Glauben habt wie ein Senfkorn, so werdet ihr zu diesem Berg sagen: Hebe dich weg von hier dorthin!, und er wird sich hinwegheben. Und nichts wird euch unmöglich sein*" (Matthäusevangelium 17,20). Auch wir kennen das Sprichwort: „Ein Glaube, der Berge versetzt." Ein Glaube, der die grössten Wunder „hervorbringt", aber keine Liebe hat, bewirkt, dass ich „*nichts bin.*"

D) Wenn ich „*alle meine Habe zur Speisung der Armen austeile* [...] *aber keine Liebe habe, so nützt es mir nichts*" (1.Kor. 13,3). Moderne Beispiele: Bill Gates (Gründer von Microsoft) und Joanne K. Rowling (Autorin von Harry Potter), die einen grossen Teil ihres Vermögens in Millionen- und Milliardenbeträgen verschenkten. Auch ihnen nützt es nichts, falls sie es nicht aus Liebe taten.

E) Wenn ich „*meinen Leib hingebe, damit ich Ruhm gewinne*", gemeint ist der Märtyrertod durch Verbrennen auf dem Scheiterhaufen (vgl. Daniel 3,1-30). Märtyrertod heisst für sein Zeugnis an den Glauben an Jesus getötet zu werden. In Europa wird man für den Glauben nicht getötet, sondern manchmal ausgelacht. In anderen Teilen der Welt ist es anders: in islamischen und kommunistischen Ländern gibt es heute noch Christenverfolgungen! Aber auch wenn ich als Christ wegen

meines Glaubens an Jesus verfolgt und getötet werde, aber selber keine Liebe habe, nützt es mir nichts!
In diesem Teil sehen wir eine Steigerung. Es wird immer extremer: Wenn ich erstens in anderen Sprachen und in Zungen rede, zweitens die Prophetie und die beste Theologie habe, drittens einen grossen Glauben besitze, der Berge versetzt, viertens Hab und Gut verschenke, fünftens für den Glauben an Jesus verbrannt werde, habe aber keine Liebe, so bin ich nichts und es nützt mir nichts.
Ein moderner Vergleich: Wenn ich der grösste Held bin und die Bibel in die schwierigste Urwaldsprache übersetzt habe, wenn ich die ganze Schweiz reformiert und zum Glauben an Jesus zurück gebracht habe, wenn ich ein Spital in Afrika erbaut habe, wenn ich der Hauptpfarrer über acht Dörfer und drei Kirchen bin, wenn ich wegen meines Glaubens an Jesus getötet werde, aber keine Liebe habe, dann bin ich nichts!
Wichtig: Es geschieht hier keine Abwertung der Geistesgaben! Diese Gaben sind von Gott dem Heiligen Geist gewirkt und dienen dem Aufbau der Kirche! Diese fünf Gaben sind die zweitwichtigsten und wertvollsten Sachen! Trotzdem ist die Liebe wichtiger!

1.3 Vergängliches und Ewiges

Im dritten Teil vergleicht Paulus die vergänglichen Geistesgaben mit der ewigen Liebe: *„Die Liebe vergeht niemals"* (1.Kor. 13,8a), also auch im Himmel bei Gott nicht. Einige fragen sich vielleicht: Ist der Himmel nicht langweilig? Ein Leben, das nie mehr aufhört? Auf einer pinken Wolke sitzen, Harfe spielen und sich langweilen? Nein, denn der Himmel ist der Ort, wo Gott wohnt. Augustin, ein Kirchenschriftsteller und Kirchenvater, fasste alle Aussagen der Bibel über den Himmel in vier griffigen Stichworten zusammen: „Dann werden wir [Gott] feiern und schauen, schauen und lieben, lieben und loben" (Vom Gottesstaat 22,30).

a) Wir werden Gott feiern: Der Himmel ist das grösste Fest, das Gott uns bereitet. Es ist Gottes Hochzeit: Für viele von uns war die Hochzeit das grösste Fest im Leben. Gottes Hochzeit ist also das allergrösste Fest. Gott als Bräutigam heiratet seine Braut, d.h. seine Kirche, die Gläubigen (vgl. Offenbarung 19,7+9). Wir werden unsere verstorbenen Verwandten, die auch an Jesus glaubten, wiedersehen und mit ihnen reden. Auch andere Lebewesen werden dort sein: Pflanzen, Tiere und Engel.

b) Wir werden Gott loben: Wir werden Gott singen und spielen, nicht nur mit Harfen, sondern auch mit anderen Instrumenten (vgl. Offenbarung 6,1-5). Wir werden tausende Anbetungslieder gleichzeitig hören und neue Farben und Formen wahrnehmen. Unvorstellbar!

c) Wir werden Gott lieben und er wird uns lieben: Liebe, Friede, Freude und Harmonie werden nicht mehr aufhören. Weder Tod, noch Trauer noch Schmerz wird es dort geben (vgl. Offenbarung 21,4).

d) Wir werden Gott sehen: Wir werden Gott von Angesicht zu *„Angesicht"* (Offenbarung 22,4) sehen! Dies wird unsere innerste Sehnsucht nach Liebe stillen.

Der Himmel, die Ewigkeit bei Gott, ist pures Leben. Wirklicher als diese Wirklichkeit.

A) *„seien es aber Weissagungen, sie werden weggetan werden."* Die Gabe der Weissagung/Prophetie ist zwar eine der höchsten (1.Kor. 14,1), doch sogar sie wird aufhören im Himmel.

B) *„seien es Sprachen, sie werden aufhören."* Die Gabe der Zungenrede wird im Himmel nicht mehr nötig sein, weil es ganz natürlich sein wird, innig mit Gott zu sprechen.

C) *„sei es Erkenntnis, sie wird weggetan werden."* Erkenntnis und Theologie. Im Himmel wird alles klar sein. Es wird keine offenen Fragen mehr geben. Gott wird alles beantworten.

D) „*unser Wissen ist Stückwerk.*" Unser Wissen ist begrenzt auf dieser Welt.

E) „*Denn wir erkennen stückweise, und wir weissagen stückweise; wenn aber das Vollkommene kommt, wird das, was stückweise ist, weggetan werden*" (1.Kor. 13,10) „*Das Vollkommene*" bezieht sich auf den Himmel, wo alles perfekt ist. Das Unüberbietbare, das Nonplusultra.

F) Nun folgen zwei Beispiele, um diesen Gegensatz zu verdeutlichen. Das erste betrifft den Unterschied zwischen einem Kind und einem Mann: „*Als ich ein Kind war, redete ich wie ein Kind, dachte wie ein Kind, urteilte wie ein Kind; als ich ein Mann wurde, tat ich weg, was kindlich war*" (1.Kor. 13,11).

G) Das zweite vergleicht den Spiegel mit dem Angesicht: „*Denn wir sehen jetzt mittels eines Spiegels undeutlich*" (1.Kor. 13,12a). Spiegel waren undeutlich in der Antike, weil sie polierte Metallplatten waren, wie wenn wir heute in eine Kupfertasse schauen.

H) „*dann aber von Angesicht zu Angesicht*" (1.Kor. 13,12a). Aber im Himmel werden wir Gott von „*Angesicht zu Angesicht sehen*" (vgl. Offenbarung 22,4). In Klarheit.

I) „*Jetzt erkenne ich stückweise, dann aber werde ich erkennen*" (1.Kor. 13,12b). „Gott erkennen", ist etwas sehr Intimes. „*Und der Mensch* [= Adam] *erkannte seine Frau Eva, und sie wurde schwanger und gebar Kain*" (1.Mose 4,1). „*Erkennen*" heisst jemandem sehr nahe sein und mit ihm Gemeinschaft haben. Wir werden Gott im Himmel geniessen und ewig Gemeinschaft haben mit ihm.

J) „*wie auch ich erkannt worden bin*" (1.Kor. 13,12b), wie Gott uns jetzt schon kennt. Auf den ersten Blick: Gott ist allwissend, ok. Aber er kennt uns und liebt uns trotzdem! Ein wunderbares Geheimnis! Ich behaupte: wenn wir Menschen voneinander unsere geheimsten Gedanken wüssten, könnten wir uns gar nicht mehr lieben! Es gibt eine Liedstrophe, die genau dies trifft: „Herr, ich danke dir, dass du mich kennst und trotzdem liebst" (Albert Frey, Wo ich auch stehe).

K) „*Nun aber bleibt Glaube, Hoffnung, Liebe, diese drei; die Größte aber von diesen ist die Liebe*" (1.Kor. 13,13).

L) „*Glaube*" an Jesus, wie wir vorhin schon gehört haben.

M) „*Hoffnung*" auf den Himmel und das ewige Leben, die uns auch im Alltag und in unserem Leid Kraft schenkt.

N) „*Liebe.*" Im christlichen Glauben geht es nicht um Moral! Er ist auch keine Religion! Es geht um den Glauben an den dreieinigen Gott, der zu dir spricht: „Ich liebe dich mit dieser gewaltigen Liebe!" Gott der Vater, der das ganze Universum erschaffen hat, sandte aus Liebe seinen Sohn Jesus in die Welt, und löste durch seinen Tod und seine Auferstehung das Problem unserer Sünde. Nun schenkt er allen Gläubigen den Heiligen Geist, damit wir mit ihm zusammen eine Beziehung führen können. Diese extreme Liebe zu Gott, den Mitmenschen und uns selber erhalten wir nur durch den Heiligen Geist! Denn: „*Die Frucht des Geistes aber ist: Liebe, Freude, Friede, Langmut, Freundlichkeit, Güte, Treue, Sanftmut, Enthaltsamkeit*" (Galaterbrief 5,22-23). Der Heilige Geist wirkt diese Veränderungen in uns. Wir können sie nicht selber produzieren. Wir können höchstens unsere Familie und unsere Kollegen lieben. Doch als Extremfall: die Feindesliebe! Die können wir nicht aus uns selbst bekommen. Sie muss uns von Gott geschenkt werden. Dies ist eine Entlastung für uns. Als konkrete Anwendung: Wir kommen zu Gott im Gebet und sagen: „Jesus, ich kann knapp meine Familie und meine Kollegen lieben, doch schon bei der Liebe zu dir gelingt es mir oft nicht. Auch meine Feinde kann ich nicht lieben. Bitte verleihe mir deinen Heiligen Geist, erfülle mich mit ihm, dass ich dich, meine Mitmenschen und mich in deinem Sinn lieben kann. Amen."

Warum ist die Liebe das Wichtigste? Weil sie die Zusammenfassung der Zehn Gebote darstellt! Augustin fasste die christliche Ethik, also das christliche Verhalten, so zusammen: „Liebe und tu, was du willst! (In epistulam Ioannis ad Parthos, tractatus VII,8). Wenn wir Gott, unsere Mitmenschen und uns selber so lieben, wie es hier beschrieben ist, tun wir ihnen ja nichts Böses.

Zusammenfassung
Wenn ich alles Mögliche tun würde, aber keine Liebe habe, bin ich nichts. Was ist denn Liebe? Liebe ist: göttlich. Liebe ist: Jesus. Im Gegensatz zu den vergänglichen Gaben ist die Liebe ewig und wird auch im Himmel weiter existieren, wo wir Gott „feiern, lieben, loben und sehen" werden (Augustin, Vom Gottesstaat 22,30).
„Nun aber bleibt Glaube, Hoffnung, Liebe, diese drei; die Größte aber von diesen ist die Liebe" (1.Korintherbrief 13,13).

Fragen zum Nachdenken und Diskutieren
A) Hast du die Liebe Gottes in Jesus Christus für dich persönlich schon angenommen? Wann? Wenn nicht, warum?
B) Die Liebe Gottes zu uns Menschen zieht sich wie ein roter Faden durch die ganze Bibel. Lies Jeremia 31,3 und Römerbrief 5,8.
C) Welche Eigenschaft der Liebe Gottes fasziniert dich am meisten?
D) Welche Aspekte der Liebe fehlen dir noch? Bete darum, dass du sie von Gott erhälst.
E) Freust du dich auf den Himmel? Was bedeutet es für dich, dass du Gott von Angesicht zu Angesicht sehen wirst?

2. Weihnachten: Fürchte dich nicht!

„Es geschah aber in jenen Tagen, dass eine Verordnung vom Kaiser Augustus ausging, den ganzen Erdkreis einzuschreiben. Diese Einschreibung geschah als erste, als Quirinius Statthalter von Syrien war. Und alle gingen hin, um sich einschreiben zu lassen, ein jeder in seine Vaterstadt. Es ging aber auch Josef von Galiläa, aus der Stadt Nazareth, hinauf nach Judäa, in die Stadt Davids, die Bethlehem heißt, weil er aus dem Haus und Geschlecht Davids war, um sich einschreiben zu lassen mit Maria, seiner Verlobten, die schwanger war. Und es geschah, als sie dort waren, wurden ihre Tage erfüllt, dass sie gebären sollte; und sie gebar ihren erstgeborenen Sohn und wickelte ihn in Windeln und legte ihn in eine Krippe, weil in der Herberge kein Raum für sie war. Und es waren Hirten in derselben Gegend, die auf freiem Feld blieben und des Nachts Wache hielten über ihre Herde. Und ein Engel des Herrn trat zu ihnen, und die Herrlichkeit des Herrn umleuchtete sie, und sie fürchteten sich mit großer Furcht. Und der Engel sprach zu ihnen: Fürchtet euch nicht! Denn siehe, ich verkündige euch große Freude, die für das ganze Volk sein wird. Denn euch ist heute ein Retter geboren, der ist Christus, der Herr, in Davids Stadt. Und dies sei euch das Zeichen: Ihr werdet ein Kind finden, in Windeln gewickelt und in einer Krippe liegend. Und plötzlich war bei dem Engel eine Menge der himmlischen Heerscharen, die Gott lobten und sprachen: Herrlichkeit Gott in der Höhe, und Friede auf Erden in den Menschen des Wohlgefallens! Und es geschah, als die Engel von ihnen hinweg in den Himmel auffuhren, dass die Hirten zueinander sagten: Lasst uns doch hingehen nach Bethlehem und diese Sache sehen, die geschehen ist und die der Herr uns kundgetan hat. Und sie kamen eilend und fanden Maria und Josef, und das Kind in der Krippe liegend. Als sie es aber gesehen hatten, machten sie das Wort bekannt, das über dieses Kind zu ihnen geredet worden war. Und

alle, die es hörten, wunderten sich über das, was ihnen von den Hirten gesagt wurde. Maria aber bewahrte alle diese Worte und erwog sie in ihrem Herzen. Und die Hirten kehrten zurück, priesen und lobten Gott für alles, was sie gehört und gesehen hatten, wie es ihnen gesagt worden war" (Lukasevangelium 2,1-20).

2.1 Fürchte dich nicht!

„Fürchtet euch nicht!" (Lukasevangelium 2,10a), spricht der Engel. Viele Botschaften von Gott oder von Engeln an uns Menschen beginnen mit den Worten *„Fürchte dich nicht!"* oder in der Mehrzahl: *„fürchtet euch nicht!"* Warum? Plötzlich bricht das sonst Unsichtbare und Übernatürliche in die sichtbare Welt ein. Gott zeigt sich! Dann fürchten sich die Menschen, weil sie erkennen, dass sie jetzt ihre Sünde, also das Schlechte und Böse, vor Gott nicht mehr verstecken können. Doch wir müssen keine Angst haben vor Jesus. Wieso? Der Engel begründet dies: *„Denn siehe, ich verkündige euch große Freude, die für das ganze Volk sein wird"* (Lukasevangelium 2,10b). Der Retter bringt Freude. Dies ist eine Frohbotschaft und keine Drohbotschaft. Jetzt stellt sich die Frage: Warum spricht der Engel davon, dass der Retter nur für ein einziges *„Volk"* zuständig ist? Wenn wir weiterlesen, wird deutlich, dass Jesus nicht nur der Retter für das jüdische Volk, sondern der Retter der ganzen Welt und damit für alle Menschen ist: *„ein Licht zur Offenbarung für die Nationen"* (Lukasevangelium 2,32), also für alle Völker. Der Engel fährt fort: *„Denn euch ist heute ein Retter geboren, der ist Christus, der Herr, in Davids Stadt"* (Lukasevangelium 2,11). Hier nennt der Engel drei Titel von Jesus: er ist erstens der *„Retter"*, also der Heiland, der uns Menschen von allem Bösen und Schlechten, von Teufel, Tod, Hölle, Welt und Sünde rettet. Zweitens ist Jesus der *„Christus"*, das heisst, der *„gesalbte"* König, der lang erwartete Held, der Messias; und drittens ist Jesus der *„Herr."* Im Alten

Testament ist der Begriff „*Herr*" die Bezeichnung für Gott. Jesus ist also Gott selber! Jesus selber ist das EVANGELIUM, die frohe Botschaft und gute Nachricht. Er ist das grösste Wunder: Gott „*im Fleisch*" (1.Timotheusbrief 3,16). Er ist ganz Mensch und ganz Gott. Und dadurch der Mittler zwischen Gott und uns Menschen. Er verbindet uns wieder mit Gott. Weihnachten mit dem theologischen Fachbegriff ausgedrückt heisst „Inkarnation"! Die „Hineinfleischwerdung" Gottes in Jesus: Gott nimmt Fleisch an. Gott wird Mensch in Jesus.

2.2 Jesus ist das grösste Geschenk Gottes an uns!

Vielleicht denkst du: Das ist ja schön und gut, aber was bedeutet das für mich? Angelus Silesius, ein Dichter, hat das Wichtigste der Weihnachtsgeschichte erkannt und in einen Vers gebracht: „Wird Christus tausendmahl zu Bethlehem gebohrn und nicht in dir; du bleibst noch Ewiglich verlohrn" (Der Cherubinische Wandersmann, I,61). Wie kann Jesus in uns geboren werden? Indem wir ihn einladen, in unser Leben zu kommen. Wie geht das genau? Mit einem einfachen Gebet: „Lieber Jesus. Ich erkenne, dass ich ohne dich gelebt habe. Bitte vergib mir. Bitte komm in mein Leben uns leite mich von nun an. Amen."

Gott verspricht: „*so viele ihn* [= Jesus] *aber aufnahmen, denen gab er das Recht, Kinder Gottes zu werden, denen, die an seinen Namen glauben*" (Johannesevangelium 1,12). Jetzt stellt sich die Frage: Was heisst glauben? Stichwortartig ausgedrückt: Jesus vertrauen, mit ihm eine Beziehung führen, mit ihm reden im Gebet. Durch die Bibel redet er zu uns und mit Gebet reden wir mit ihm. Dadurch verändert sich unser ganzes Leben positiv und wir erhalten von ihm eine übernatürliche Freude, wie auch die Hirten sie verspürten. Jesus ist das grösste Geschenk von Gott an uns. Ein Geschenk sieht zwar schön aus, aber an und für sich genommen nützt es gar nichts! Man muss es auch öffnen! Vielleicht hast du schon einmal Schokolade geschenkt bekommen. Und wohin gehört sie? Genau: in den Bauch. So ähnlich ist es auch mit Jesus. Es nützt nichts, wenn man weiss, dass es Jesus einmal gegeben hat, sondern man muss Jesus gewissermassen „*essen*" (vgl. Johannesevangelium 6,51), in seinen Bauch und in sein Herz aufnehmen.

Die Hirten waren damals verachtet. Vor Gesetz durften sie nicht als Zeugen auftreten. Aber Gott liebt auch sie! Und genau deswegen hat Gott sie bestimmt als erste Zeugen für das Evangelium. Jesus ist eben nicht gekommen, damit die Religiösen noch ein bisschen religiöser werden können, sondern „*um zu suchen und zu retten, was verloren ist*" (Lukasevangelium 19,10). Er kam, um Verlorenen neue Hoffnung zu geben.

Für uns bedeutet Weihnachten oftmals Schnee, Krippe, Tierchen, Christbaum, Lichterketten, Kerzen, Weihnachtsgebäck, Geschenke, Harmonie, Festessen und Familienfeier. Alles schöne Sachen! Dies alles hat seine Berechtigung. Wir freuen uns, dass der Heiland Jesus geboren wurde. Doch für Jesus bedeutete es auch noch etwas ganz andres: er kam in eine Welt der Probleme und des Kampfes:

A) Die Römer belagerten damals Judäa und unterdrückten die Bevölkerung. Dies wird in der Weihnachtsgeschichte auch erwähnt durch die Volkszählung, die Augustus anordnen liess (vgl. Lukasevangelium 2,1).

B) Maria und Joseph fanden keine Herberge. Maria musste in einem Stall das Jesusbaby zur Welt bringen und es ganz ärmlich in eine Futterkrippe legen, aus der normalerweise die Tiere frassen.

C) Noch eine Ergänzung aus dem Matthäusevangelium: Der Kindermord von Herodes! König Herodes der Grosse liess alle Knaben unter zwei Jahren töten, als er erfuhr, dass die Sterndeuter einen neuen König suchten (vgl. Matthäusevangelium 2,16). Dadurch sehen wir, dass Jesus keinen einfachen Start ins Leben

hatte. Überhaupt war sein ganzes Leben von Auseinandersetzungen mit den unterschiedlichsten Menschen geprägt.
Eine konkrete Anwendung, die wir von Maria lernen können: „*Maria aber bewahrte alle diese Worte und erwog sie in ihrem Herzen*" (Lukasevangelium 2,19). Maria dachte über die Rede der Hirten und Gottes Wort nach. Ebenso ist es hilfreich, wenn wir uns in den kommenden Festtagen Zeit nehmen und beispielsweise im Lukasevangelium weiterlesen. Und dann darüber nachdenken, was Gott uns dadurch sagt. In der Weihnachtsgeschichte hören wir „*eine Menge der himmlischen Heerscharen, die Gott lobten*" (Lukasevangelium 2,13). Als praktische Anwendung empfiehlt es sich, einen christlichen Radiosender, beispielsweise den ERF Plus-Sender, zu hören. Es gibt das Sprichwort: „Loben zieht nach oben!" Wenn wir Gott loben, richten wir unsren Blick auf Gott. Zudem: „Danken schützt vor Wanken!" Wenn wir Gott danke sagen, haben wir weniger Zweifel und Anfechtungen im Glauben. Mir ist auch nicht immer nach Singen zu Mute, aber es hilft bereits, christliche Lieder zu hören, um die Gedanken auf Gott auszurichten. Ausserdem werden auch wertvolle Andachten gesendet.
Weihnachten kurz zusammengefasst: Gott ist der Gründer von Weihnachten. Aus Liebe schickt er uns seinen Sohn Jesus auf die Erde. Gott kommt zu uns, damit wir zu ihm gehen können! Jesus ist das grösste Geschenk, das jeder durch ein einfaches Gebet auspacken kann!

Fragen zum Nachdenken und Diskutieren
A) Wie feierst du Weihnachten? Lenken dich die Feierlichkeiten von Jesus ab oder führen sie dich näher zu ihm? Was kannst du tun, dass deine nächsten Weihnachten besinnlicher werden?
B) Wie kannst du das Lob Gottes und deine Dankbarkeit ihm gegenüber in deinen Tag einbauen?

3. Erster und letzter Satz von Jesus!

3.1 Erster Satz: Tut Busse!

Das Erste, das Jesus sagte, war sein Lebensmotto, sein Leitbild (würden wir heute sagen), sein Leitfaden, sein wichtigstes Grundprinzip: *„Tut Busse, denn das Reich der Himmel ist nahe gekommen!"* (Matthäusevangelium 4,17). Dieser Satz besteht aus zwei Teilen: erstens: *„Tut Busse"* und zweitens *„Reich der Himmel"*: Busse tun ist ein altes Wort und bedeutet: „Kehrt um!", „Bekehrt euch!", „Ändert euer Denken und eure Gesinnung!" Gemeint ist eine Veränderung des Herzens, eine Hinwendung des Einzelnen zu Gott. Wenn also Jesus verlangt, dass wir Busse tun sollen, bedeutet das auch, dass Gott Sünden vergibt, wenn wir ihn darum bitten. In der Bibel wird das so ausgedrückt: *„Wenn wir unsere Sünden bekennen, ist er* [= Gott] *treu und gerecht, dass er uns die Sünden vergibt und uns reinigt von jeder Ungerechtigkeit"* (1.Johannesbrief 1,9).

3.2 Was ist das Reich Gottes?

Kurz zusammengefasst: Das Reich der Himmel oder das Reich Gottes ist dort, wo Jesus der König ist. Jetzt können wir fragen: Warum? Was macht Jesus so besonders und speziell? Wer ist Jesus? Jesus ist ganz Mensch und ganz Gott! Unvorstellbar und doch wahr! Ganz Mensch und ganz Gott gleichzeitig! In der Bibel wird das so ausgesagt: Gott *„war in* [Jesus] *Christus und versöhnte die Welt mit sich selbst"* (2.Korintherbrief 5,19a). Was heisst „versöhnt"? Indem er den Menschen *„ihre Übertretungen nicht zurechnete"* (2.Korintherbrief 5,19b).

3.3 Letzter Satz: Es ist vollbracht!

Jetzt wenden wir uns dem letzten Satz von Jesus zu. Er hat ihn am Kreuz gesprochen und es ist ein riesiger Widerspruch, der sich hier öffnet. Jesus spricht: *„Es ist vollbracht!"* (Johannesevangelium

19,30). Auf der einen Seite ist Jesus blutend am Kreuz. Es sieht so aus, als ob er gescheitert sei, denn er stirbt wie ein Verbrecher am Kreuz. Das Kreuz war damals die schlimmste Todesstrafe. Auf der anderen Seite spricht er siegessicher: „*Es ist vollbracht!*" Wir müssen darum näher hinsehen. Was ist „*vollbracht*"? Jesus hat seinen Auftrag erfüllt, seine Mission erledigt.

Gott löste am Karfreitag im Jahr 30.n. Chr. das Hauptproblem von uns Menschen: Sünde, Schuld, Fehler, Böses, alles, was uns belastet, legte Gott auf den sündlosen Jesus. Als Jesus starb, wurde auch die Sünde vernichtet. In der Bibel wird das so beschrieben: Gott hat Jesus, „*der die Sünde nicht kannte, für uns zur Sünde gemacht*" (2.Korintherbrief 5,21). Hat Jesus seinen Auftrag erfüllt? Ja! Gott bestätigte den Sieg von Jesus über das Böse mit der Auferstehung von Jesus. An Ostern, am dritten Tag, hat Gott Jesus wieder auferweckt von den Toten! Er ist auferstanden! Jesus lebt!

Für uns bedeutet dies das EVANGELIUM: die frohe Botschaft und gute Nachricht. Vergebung der Sünden ist möglich und somit auch ein neues Leben. Jesus hat ermöglicht, dass wir eine lebendige Beziehung mit Gott erhalten, in der „*Liebe, Freude, Frieden*" (Galaterbrief 5,22) uns erfüllen. Die Vergebung unserer Sünde können wir in einem einfachen Gebet annehmen. Dies ist ein Geschenk, das Jesus uns anbietet. Er bedrängt uns jedoch nicht, weil er uns unendlich fest liebt.

Jesus spricht: „*Es ist vollbracht!*" (Johannesevangelium 19,30). Dem dürfen auch wir vertrauen.

Fragen zum Nachdenken und Diskutieren
A) Wie können wir heute Busse tun, ohne in Sacktuch und Asche zu wandeln?
B) Wie erklärst du einem Kollegen die Bedeutung des Totes von Jesus?
C) Hast du dir schon überlegt, was dein letzter Satz sein könnte?

4. Karfreitag: Die sieben Sätze von Jesus am Kreuz!

Jetzt folgt eine Erklärung zu den sieben Sätze von Jesus am Kreuz:

4.1 Vergib ihnen, denn sie wissen nicht, was sie tun!

„Und als sie an den Ort kamen, [Golgatha], der Schädelstätte genannt wird, kreuzigten sie dort ihn [= Jesus] und die Übeltäter, den einen zur Rechten, den anderen zur Linken. Jesus aber sprach: Vater, vergib ihnen! Denn sie wissen nicht, was sie tun" (Lukasevangelium 23,33-34).

Jesus predigte nicht nur die Feindesliebe in der Bergpredigt (Matthäusevangelium 5,44; vgl. Lukasevangelium 6,27), sondern er lebte sie auch selber ganz konkret. Jesus vergab denen, die ihn ans Kreuz brachten. Also sowohl den Juden (der Hohe Rat und König Herodes) als auch den Römern (repräsentiert durch Pontius Pilatus, den kaiserlichen Statthalter von Judäa und Samaria 26-36 n.Chr.). Warum war es wichtig, dass sowohl Juden als auch Römer schuldig sind am Tod von Jesus? Weil sowohl die *frommen* Juden als auch die *heidnisch-gottlosen* Römer Jesus ans Kreuz brachten. Keiner hat eine Entschuldigung vor Gott. Warum wussten sie nicht, was sie taten? Jesus war unschuldig. Jesus hat in seinem ganzen Leben nichts falsch gemacht. Theologisch ausgedrückt: er hat keine Sünde begangen (vgl. Johannesevangelium 8,46). Er hat nie gegen Gottes Gebote verstossen. Sie bestraften einen Unschuldigen und liessen dafür einen Mörder mit Namen Barabbas frei (vgl. Markusevangelium 15,7-15).

4.2 Heute wirst du mit mir im Paradies sein!

„Einer der gehenkten Übeltäter aber lästerte ihn: Bist du nicht der Christus? Rette dich selbst und uns! Der andere aber antwortete und wies ihn zurecht und sprach: Auch du fürchtest Gott nicht, da du in demselben Gericht bist? Und wir zwar mit Recht, denn wir empfangen, was unsere Taten wert sind; dieser aber hat nichts

Ungeziemendes getan. Und er sprach: Jesus, gedenke meiner, wenn du in dein Reich kommst!" (Lukasevangelium 23,39-42). Einer der Verbrecher wollte sich selber retten, indem er sprach: Jesus, steige vom Kreuz und rette uns auch gleich noch! Ein bisschen egoistisch, aber irgendwie menschlich! Der andere Verbrecher, der üblicherweise „der Schächer am Kreuz" genannt wird, erkannte jedoch in seiner letzten Stunde zwei entscheidende Dinge! Nämlich: erstens, dass er gesündigt hat und diese Strafe der Kreuzigung rechtmässig verdient. Er bekennt: *„Und wir zwar mit Recht, denn wir empfangen, was unsere Taten wert sind."* Zweitens erkannte er, dass Jesus der Christus, der Messias, das heisst der verheissene Retter, ist. Auch wir müssen diese zwei Dinge erkennen: erstens, dass wir Sünder sind und deswegen eine Strafe verdient haben und zweitens, dass Jesus der Christus ist! Doch dann folgt die Tat: Jesus um Erbarmen bitten. *„Gedenke meiner, wenn du in dein Reich kommst!"* Das bedeutet: Ich bin darauf angewiesen, dass Jesus an mich denkt, sonst kann ich nicht in den Himmel kommen. Wie reagiert Jesus? Er spricht: *„Wahrlich, ich sage dir: Heute wirst du mit mir im Paradies sein!"* Paradies ist ein anderes Wort für Himmel. Dieser Verbrecher wurde also gerettet. Jesus vergab ihm seine Schuld.

4.3 Siehe, dein Sohn!

„Es standen aber bei dem Kreuz Jesu seine Mutter und die Schwester seiner Mutter, Maria, des Klopas Frau, und Maria Magdalena. Als nun Jesus die Mutter sah und den Jünger, den er liebte, dabeistehen, spricht er zu seiner Mutter: Frau, siehe, dein Sohn! Dann spricht er zu dem Jünger: Siehe, deine Mutter!" (Johannesevangelium 19,25-27a). In seiner schwersten Stunde kümmerte sich Jesus um seine Mutter. Damals gab es noch keine Altersvorsorge. Deshalb veranlasste Jesus, dass seine Mutter durch seinen Jünger Johannes versorgt wurde. Das Resultat: *„Und von*

jener Stunde an nahm der Jünger sie zu sich" (Johannesevangelium 19,27b).

4.4 Mein Gott, warum hast du mich verlassen?

„Um die neunte Stunde [= um 15:00 Uhr] *aber schrie Jesus mit lauter Stimme auf und sagte: Elí, Elí, lemá sabachtháni? Das heisst: Mein Gott, mein Gott, warum hast du mich verlassen?"* (Matthäusevangelium 27,46; Markus 15,34; Zitat aus Psalm 22,2). Jesus war in diesem Moment von Gott getrennt. Warum? Weil Gott Vater alle vergangene, gegenwärtige und zukünftige Schuld aller Menschen auf den sündlosen Jesus lud. Deshalb musste sich Gott Vater abwenden von seinem Sohn, weil er keine Gemeinschaft mit der Sünde haben kann (vgl. Jesaja 59,2). Jesus wurde so zum Sündenbock, der stellvertretend für uns starb, wie Gott durch Jesaja spricht: *„Die Strafe lag auf ihm zu unserm Frieden, und durch seine Striemen ist uns Heilung geworden"* (Jesaja 53,5).

4.5 Mich dürstet!

„Danach, da Jesus wusste, dass alles schon vollbracht war, spricht er, damit die Schrift erfüllt würde: Mich dürstet!" (Johannesevangelium 19,28). Jesus verspürte grossen Durst und wollte etwas trinken. Doch was taten die Soldaten? *„Es stand da ein Gefäss voll Essig. Sie legten nun einen Schwamm voller Essig um einen Ysop* [= einen Stecken] *und brachten ihn an seinen Mund. Als nun Jesus den Essig genommen hatte..."* (Johannesevangelium 19,29-30a). Ich weiss nicht, wie gerne du Essig in der Salatsauce hast, aber so pur mag ich ihn nicht, besonders wenn ich kurz vor dem Verdursten bin. Eventuell war der Essig auch mit Wasser verdünnt. Dann wäre er ein Erfrischungsgetränk gewesen. In diesem Zusammenhang aber hätten die Soldaten Jesus länger am Leben erhalten wollen, damit er länger leide. Egal ob der Essig verdünnt oder unverdünnt war: Sie wollten ihn zusätzlich quälen.

4.6 Es ist vollbracht!

„Als nun Jesus den Essig genommen hatte, sprach er: Es ist vollbracht!" (Johannesevangelium 19,30b). Was wurde vollbracht? Jesus erfüllte seinen Auftrag. Was war sein Auftrag? Die Vergebung der Sünden für uns Menschen zu ermöglichen! Jesus spricht von sich: *„Denn ich bin nicht gekommen, dass ich die Welt richte, sondern dass ich die Welt rette"* (Johannesevangelium 12,47). *„Ich bin nicht gekommen, Gerechte zu rufen, sondern Sünder zur Busse"* (Lukasevangelium 5,32).

4.7 In deine Hände übergebe ich meinen Geist!

„Und es war schon um die sechste Stunde [= zwischen 11:00 und 12:00 Uhr vormittags]; *und es kam eine Finsternis über das ganze Land bis zur neunten Stunde, da sich die Sonne verfinsterte; der Vorhang des Tempels aber riss mitten entzwei. Und Jesus rief mit lauter Stimme und sprach: Vater, in deine Hände übergebe ich meinen Geist! Und als er dies gesagt hatte, verschied er"* (Lukasevangelium 23,44-46).

Ganz am Schluss rief er nochmals seinen Vater im Himmel an und starb danach. Soweit die Worte von Jesus am Kreuz.

4.8 Der gekreuzigte Gott!

Das Kreuz ist das Symbol des Christentums schlechthin. Es hat mit Leid zu tun! Doch was bedeutet das Kreuz? GOTT ZEIGT UNS SEINE LIEBE IM KREUZ! *„Denn so hat Gott die Welt geliebt, dass er seinen eingeborenen Sohn gab, damit jeder, der an ihn glaubt, nicht verloren geht, sondern ewiges Leben hat"* (Johannesevangelium 3,16). Der Gott der Bibel bleibt eben nicht nebulös auf einer kleinen rosaroten Wolke aus Zuckerwatte, quasi im luftleeren Raum, in Äther, sondern – DREI HAMMERSCHLÄGE!!! – er lässt sich durch Nägel festmachen! Aus Liebe zu uns Menschen! Gott lässt sich ans Kreuz nageln! Er zeigt sich uns im Gekreuzigten! Jesus ist Gott „*im Fleisch*" (1.Timotheusbrief 3,16). Jesus Christus, „*der in Gestalt Gottes war und es nicht für einen Raub hielt, Gott gleich zu sein. Aber er machte sich selbst zu nichts und nahm Knechtsgestalt an, indem er den Menschen gleich geworden ist, und der Gestalt nach wie ein Mensch befunden, erniedrigte er sich selbst und wurde gehorsam bis zum Tod, ja, zum Tod am Kreuz*" (Philipperbrief 2,6-8). Es gibt keinen Weg zu Gott ausser durch Jesus Christus, den Gekreuzigten. Alles andere wäre Vermessenheit. Der Unterschied zwischen Gott und uns Menschen ist zu gross! Auf der einen Seite steht Gott, der ewig und heilig ist, wir Menschen hingegen sind sterblich und sündig. Deswegen brauchen wir einen Mittler. Jesus verbindet uns mit Gott, weil er selber ganz Mensch und Gott ist. Jesus ist der Mittler zwischen Gott und uns Menschen! Ein Vergleich: Wir möchten wohl auch nicht ohne Dolmetscher oder Helfer dem Papst Franziskus oder dem Präsidenten Obama begegnen. Weil sie so mächtig und angesehen sind.

Ist das Kreuzesgeschehen logisch und philosophisch? Nein, es ist eine Dummheit und ein Blödsinn! Wortwörtlich heisst es: „*Das Wort vom Kreuz ist eine Torheit denen, die verlorengehen*" (1.Korintherbrief 1,18a). Also für diejenigen, die noch nicht an Jesus glauben, erscheint das Kreuz unlogisch. Wie erscheint es dann uns? „*Uns aber, die wir gerettet werden, ist es Gottes Kraft*" (Korintherbrief 1,18b). Gott wirkt durch Jesus an uns, ganz konkret in unserem Alltag.

Die ganze Geschichte ist damit jedoch noch nicht fertig!
An Ostern, am dritten Tag, ist Jesus auferstanden! Er lebt! „*Darum hat Gott ihn auch hoch erhoben und ihm den Namen verliehen, der über jeden Namen ist*" (Philipperbrief 2,9). Deshalb können auch wir ein neues Leben mit Gott bekommen. Mit einem einfachen Gebet können wir Gott einladen, in unser Herz zu kommen und uns ein neues Leben zu ermöglichen.

Anmerkung
Der Philosoph Blaise Pascal entdeckte die: „Quelle der Widersprüche. – Ein gedemütigter Gott – bis zum Tode am Kreuz […] Ein Messias, der durch seinen Tod über den Tod triumphiert" (Gedanken, Fragment 595).

Fragen zum Nachdenken und Diskutieren
A) Welches Kreuzeswort von Jesus spricht dich am meisten an? Warum?

B) Ist der stellvertretende Tod von Jesus am Kreuz für dich eher eine Torheit oder Gottes Kraft?

5. Ostern: Jesus besiegte Teufel, Tod, Hölle, Welt und Sünde!

An Karfreitag gedenken wir des Todes von Jesus für unsere Sünden und an Ostern feiern wir seine Auferstehung. Das ist das Zentrum des christlichen Glaubens! Für uns bedeutet dies das EVANGELIUM: die frohe Botschaft und gute Nachricht! Was ist das Gute daran? GOTT ZEIGT UNS SEINE GEWALTIGE LIEBE:
„Was sollen wir nun hierzu sagen? Wenn Gott für uns ist, wer ist gegen uns? Er, der doch seinen eigenen Sohn nicht verschont, sondern ihn für uns alle hingegeben hat [ans Kreuz] *– wie wird er uns mit ihm nicht auch alles schenken? Wer wird gegen Gottes Auserwählte Anklage erheben?* [Niemand, denn] *Gott ist es, der rechtfertigt. Wer ist, der verdamme?* [Niemand, denn] *Christus Jesus ist es, der gestorben, ja noch mehr, der auferweckt, der auch zur Rechten Gottes ist, der sich auch für uns verwendet. Wer wird uns scheiden von der Liebe Christi? Bedrängnis oder Angst oder Verfolgung oder Hungersnot oder Blöße oder Gefahr oder Schwert?* […] *Aber in diesem allen sind wir mehr als Überwinder*

durch den, der uns geliebt hat. Denn ich bin überzeugt, dass weder Tod noch Leben, weder Engel noch Gewalten [= Dämonen], *weder Gegenwärtiges* [= Welt] *noch Zukünftiges, noch Mächte [= Sünde], weder Höhe noch Tiefe* [= Hölle]*, noch irgendein anderes Geschöpf* [= Teufel] *uns wird scheiden können von der Liebe Gottes, die in Christus Jesus ist, unserem Herrn*" (Römerbrief 8,31-35.37-39).

Jesus besiegte durch seinen Tod am Kreuz und seine körperliche Auferstehung die Macht von Teufel, Tod, Hölle, Welt und Sünde! Was heisst das nun genau?

5.1 Jesus besiegte den Teufel!

„Denn ich bin überzeugt, dass [...] *kein Geschöpf* [= Teufel] *uns wird scheiden können von der Liebe Gottes, die in Christus Jesus ist, unserem Herrn*" (Römerbrief 8,38-39). Also kein Geschöpf! Dazu gehört auch der Teufel. Kann man überhaupt heutzutage noch an einen Teufel glauben? Der Teufel ist natürlich nicht derjenige mit Hörnern, Pferdefuss und Dreizack, wie er im Mittelalter auf Bildern dargestellt wurde, sondern das personale Böse. Die Bibel lässt die Frage nach dem Ursprung des Bösen offen. Sie gibt uns nur einige Andeutungen. Es geht nicht darum, die Neugierde des Menschen zu stillen. Der Grund dafür ist, dass der Blick immer auf Gott gerichtet ist. Nach kirchlicher Tradition war der Teufel einst der Erzengel Luzifer. Der Name kommt von Lux-ferre, der Licht-Träger. Dieser Engel wollte sich über Gott erheben und sich an seine Stelle setzen, deshalb hat Gott ihn verworfen. Nun ist er der gefallene Engel (vgl. Jesaja 14,1-23). Der Böse in Person. Hebräisch „Satan" ist der Ankläger vor Gericht. Der Verführer, Versucher. Griechisch „Diabolos" ist wortwörtlich „der Durcheinanderwerfer", gemeint ist der Verleumder. Jesus erklärt: *„Jener* [= der Teufel] *war ein Menschenmörder von Anfang an und stand nicht in der Wahrheit, weil keine Wahrheit in ihm ist. Wenn*

er die Lüge redet, so redet er aus seinem Eigenen, denn er ist ein Lügner und der Vater derselben" (Johannesevangelium 8,44b). „Der Dieb kommt nur, um zu stehlen und zu schlachten und zu verderben" (Johannesevangelium 10,10). Das EVANGELIUM bedeutet nun: „Hierzu ist der Sohn Gottes offenbart worden, damit er die Werke des Teufels vernichte" (1.Johannesbrief 3,8b). Jesus ist also gekommen, die Machenschaften des Teufels zu zerstören! Falls wir uns verstrickt haben in Okkultes durch gewisse Horrorfilme, satanistische Musik oder andere Sachen, dann dürfen wir dies Jesus in einem Gebet bekennen. Ich empfehle, einen Pfarrer oder christlichen Seelsorger zum Gespräch beizuziehen, weil dies eine ernste Angelegenheit ist. Jesus ist stärker als das Böse! „Er hat die Gewalten und die Mächte völlig entwaffnet und sie öffentlich zur Schau gestellt. In ihm hat er den Triumph über sie gehalten" (Kolosserbrief 2,15). Was heisst einen Triumph halten? Jesus errang einen gewaltigen Sieg über diese dämonischen Mächte durch seinen Tod am Kreuz und seine Auferstehung und stellte sie damit bloss!

5.2 Jesus besiegte den Tod!

„Denn ich bin überzeugt, dass weder Tod noch Leben [...] uns wird scheiden können von der Liebe Gottes, die in Christus Jesus ist, unserem Herrn" (Römerbrief 8,38-39). Der Tod macht uns Angst. Wir stellen uns die Frage: „Was wird danach sein?" Jesus spricht: „Ich bin die Auferstehung und das Leben; wer an mich glaubt, wird leben, auch wenn er gestorben ist; und jeder, der da lebt und an mich glaubt, wird nicht sterben in Ewigkeit. Glaubst du das?" (Johannesevangelium 11,25-26). Wenn wir an Jesus glauben, kann uns der Tod nichts mehr anhaben. Weil Jesus körperlich auferstanden ist, dürfen auch wir gewiss sein, dass wir körperlich auferstehen werden. Dies ist kein plumper Trost auf ein besseres Jenseits, das irgendwann einmal kommt. Sondern Jesus wirkt

JETZT schon in uns durch seinen Heiligen Geist die Hoffnung auf das ewige Leben. Dies nützt uns schon jetzt im Diesseits! Wir brauchen uns nicht mehr zu fürchten vor dem Tod, denn wir wissen, was nach dem Tod auf uns wartet! Jesus spricht: *„Euer Herz werde nicht bestürzt. Ihr glaubt an Gott, glaubt auch an mich! Im Hause meines Vaters sind viele Wohnungen. Wenn es nicht so wäre, würde ich euch gesagt haben: Ich gehe hin, euch eine Stätte zu bereiten? Und wenn ich hingehe und euch eine Stätte bereite, so komme ich wieder und werde euch zu mir nehmen, damit auch ihr seid, wo ich bin"* (Johannesevangelium 14,1-3). Nach unserem Tod werden wir bei Jesus im Himmel sein. Unser Retter Christus Jesus, *„der den Tod zunichte gemacht, aber Leben und Unvergänglichkeit ans Licht gebracht hat durch das Evangelium"* (2.Timotheusbrief 1,10).

5.3 Jesus besiegte die Hölle!

„Denn ich bin überzeugt, dass [...] *weder Höhe noch Tiefe* [= Hölle], [...] *uns wird scheiden können von der Liebe Gottes, die in Christus Jesus ist, unserem Herrn"* (Römerbrief 8,38-39). Mit *„Tiefe"* könnte hier die Hölle gemeint sein, also das Gegenteil des Himmels. Nur weil wir heutzutage nicht mehr von der Hölle reden oder nur noch blöde Witze über sie reissen, heisst das noch lange nicht, dass es sie nicht gibt! Vergleich: Nur weil man nicht von einer Wirtschaftskrise redet, heisst das nicht, dass es sie nicht gibt. Die Hölle ist der Ort der ewigen Gottesferne, wo Qualen und Hoffnungslosigkeit herrschen. Aber auch vor der Hölle brauchen wir uns nicht zu fürchten! Denn Jesus spricht: *„Fürchte dich nicht! Ich bin der Erste und der Letzte und der Lebendige, und ich war tot, und siehe, ich bin lebendig von Ewigkeit zu Ewigkeit und habe die Schlüssel des Todes und des Hades"* (Offenbarung 1,17b-18). *„Hades"* ist der griechische Begriff für *„Unterwelt"*, also ein anderes Wort für Hölle. Jesus hat also Macht über die Hölle.

5.4 Jesus besiegte die Sünde!

„*Denn ich bin überzeugt, dass [...] noch Mächte* [= Sünde] *[...] uns wird scheiden können von der Liebe Gottes, die in Christus Jesus ist, unserem Herrn*" (Römerbrief 8,38-39). Mit „*Mächte*" könnte die Sünde gemeint sein. „*Jesus antwortete ihnen: Wahrlich, wahrlich, ich sage euch: Jeder, der die Sünde tut, ist der Sünde Sklave*" (Johannesevangelium 8,34). Mit der Sünde kann man also nicht spielen, sondern sie spielt mit uns! Was ist die Sünde überhaupt? Fünf Aspekte:

A) Zuallererst das Abgeschnittensein von Gott. Sünde meint wortwörtlich „Zielverfehlung." Also man schiesst mit dem Pfeilbogen oder der Pistole oder dem Gewehr auf eine Zielscheibe und trifft daneben. Wir verfehlen unser Ziel, mit Gott Gemeinschaft zu haben. Sünde ist die Trennung von Gott, die unterbrochene und gestörte Beziehung.

B) Alles ist Sünde, was wir tun, obwohl wir genau wissen, dass es nicht in Ordnung ist: „*Alle Ungerechtigkeit ist Sünde*" (1. Johannesbrief 5,17).

C) Sünde ist alles, was wir unterlassen, obwohl wir eigentlich genau wissen, dass wir es tun sollten: „*Wer Gutes tun könnte und tut es nicht, dem ist es Sünde*" (Jakobusbrief 4,17).

D) Sünde ist alles, was nicht aus Glauben getan wird: „*Alles, was nicht aus Glauben getan wird, ist Sünde*" (Römerbrief 14,23).

E) Sünde ist alles, was gegen die Zehn Gebote (2.Mose 20; 5.Mose 5) und gegen die Gottes-, Nächsten- und Selbstliebe/Selbstannahme gerichtet ist (vgl. Matthäusevangelium 22,34-40).

Sünde kann also verschiedene Aspekte haben. Zusammengefasst heisst das, dass jeder Mensch, du und ich, Sünder sind und Vergebung brauchen (vgl. 1.Mose 6,5; 1.Mose 8,21; Matthäusevangelium 7,11; Johannesevangelium 3,19; Römerbrief 3,23-24).

Wir brauchen auch vor der Sünde keine Angst mehr zu haben, denn der Name JESUS heisst „der Herr rettet" und „der Herr ist die Rettung." Der Engel spricht zu Josef: „*du sollst seinen Namen Jesus nennen, denn er wird sein Volk retten von seinen Sünden*" (Matthäusevangelium 1,21). „*Christus Jesus in die Welt gekommen ist, Sünder zu retten*" (1.Timotheus 1,15). „*Jesus Christus, der der treue Zeuge ist, der Erstgeborene der Toten und der Fürst der Könige der Erde! Dem, der uns liebt und uns von unseren Sünden erlöst hat durch sein Blut*" (Offenbarung 1,5). Was bedeutet das alles für uns? Zwei Sprichworte: „Ein Ja zu Jesus bedeutet ein Nein zur Sünde!" (vgl. Reinhard Bonnke in einem Radio-Interview mit Pat Robertson auf CBN) und das zweite: „Lies die Bibel, sie wird dich von der Sünde fernhalten, oder die Sünde wird dich vom Lesen der Bibel fernhalten" (Eduard Berszan; dieses Zitat wird teilweise auch D.L. Moody zugeschrieben).

5.5 Jesus besiegte die Welt!
„*Denn ich bin überzeugt, dass [...] weder Gegenwärtiges* [= Welt] *noch Zukünftiges, [...] uns wird scheiden können von der Liebe Gottes, die in Christus Jesus ist, unserem Herrn*" (Römerbrief 8,38-39). Mit dem „*Gegenwärtigen*" könnte die gegenwärtige Welt gemeint sein. „*Liebt nicht die Welt noch was in der Welt ist! Wenn jemand die Welt liebt, ist die Liebe des Vaters nicht in ihm; denn alles, was in der Welt ist, die Begierde des Fleisches und die Begierde der Augen und der Hochmut des Lebens, ist nicht vom Vater, sondern ist von der Welt. Und die Welt vergeht und ihre Begierde; wer aber den Willen Gottes tut, bleibt in Ewigkeit*" (1.Johannesbrief 2,15-17). Das Wort „*Welt*" wir näher erklärt:

A) „*Die Begierde des Fleisches*": Ein heutiges Wort dafür wäre wohl der Egoismus, wenn wir nur an uns denken und nicht an andere.

B) *„Die Begierde der Augen"*: Wenn wir etwas anschauen und unbedingt haben wollen. Sie kann sich auf Dinge oder Personen richten. Sie kann auch eine sexuelle Komponente haben: König David schaute mit seinen Augen seine nackte Nachbarin Batseba an, bevor er mit ihr Ehebruch beging (vgl. 2.Samuel 11,2). *„Die Begierde der Augen"* ist, wenn wir jemanden begehren, der nicht unser Ehepartner ist. Ausserdem stehen Männer in der Gefahr, Pornographie zu konsumieren. Frauen stehen in der Gefahr, Liebesromane zu lesen, die falsche Begierden wecken.

C) *„Der Hochmut des Lebens"* ist das Prahlen, Bluffen und der Stolz. Wenn wir mit teuren Sachen angeben, um andere zu beeindrucken, um ihnen zu imponieren. Heutzutage beispielsweise: Bei Männern Autos oder die berufliche Stellung, bei Frauen vielleicht eher Schmuck oder die neue Wohnungseinrichtung.

„Die Begierde des Fleisches und die Begierde der Augen und der Hochmut des Lebens" können viele Dinge darstellen. Wichtig ist mir, festzuhalten, dass Gott nichts dagegen hat, wenn wir etwas Schönes besitzen (vgl. das Gebot: „Du sollst nicht stehlen" [2.Mose 20,15]). Unser Besitz soll jedoch nicht zu einem Götzen werden, er soll also nicht den ersten Rang in unserem Leben einnehmen, der nur dem dreieinigen Gott zusteht. Jede und jeder von uns weiss genau, in welchem Bereich sie oder er am meisten Probleme hat und in der Gefahr steht, etwas anderes als Gott zu verehren. *„Und die Welt vergeht und ihre Begierde; wer aber den Willen Gottes tut, bleibt in Ewigkeit"* (1.Joh 2,17). Wenn wir unser Leben auf Gott ausrichten, können wir diesen Begierden widerstehen.

Der Begriff *„Welt"* kann ausserdem bedeuteten: Alles, was grundsätzlich gut ist und für unseren Genuss bestimmt ist, wie Sex in der Ehe, Geld, Macht, Hobbies, Familie, Alkohol usw. Diese Dinge sind nicht Sünde, können dennoch leicht zur Sünde werden. Das Grundproblem: Wir Menschen haben einen Hang zur Sucht.

Wir sind suchtgefährdet! Bei jedem Menschen ist dies unterschiedlich stark ausgeprägt. Was sagt Gott dazu? *„Denn alles, was aus Gott geboren ist, überwindet die Welt; und dies ist der Sieg, der die Welt überwunden hat: unser Glaube"* (1.Johannesbrief 5,4). Wie können wir die Welt überwinden? Durch den Glauben! Doch was bedeutet das? *„Wer aber ist es, der die Welt überwindet, wenn nicht der, der glaubt, dass Jesus der Sohn Gottes ist?"* (1.Johannesbrief 5,5). Der Glaube an Jesus überwindet die Welt! Weil Jesus spricht: *„Dies habe ich zu euch geredet, damit ihr in mir Frieden habt. In der Welt habt ihr Bedrängnis; aber seid guten Mutes, ich habe die Welt überwunden"* (Johannesevangelium 16,33). Was können wir konkret tun? Folgende Fragen kann man sich stellen: Was nimmt mich gefangen? Woran denke ich oft? Vielleicht ZU oft? Jesus macht uns Mut: *„Kommt her zu mir, alle ihr Mühseligen und Beladenen! Und ich werde euch Ruhe geben"* (Matthäusevangelium 11,28). Durch die Liebe Gottes, die er uns in Jesus zeigt, sind wir *„mehr als Überwinder durch den, der uns geliebt hat"* (Römerbrief 8,37). Wir sind nicht nur knapp Überwinder, sondern wir jubilieren und triumphieren mit Jesus! Was heisst das? „Jubilieren" heisst: Wir freuen uns über den Sieg von Jesus und erinnern uns auch regelmässig daran. Triumphieren: Jesus wird uns den Sieg schenken über diese fünf Sachen. Der endgültige Sieg wird jedoch erst im Himmel stattfinden.

5.6 Welche konkreten Schritte können wir tun?
Vielleicht denkst du: Das tönt ja alles schön und gut, aber ich erlebe den Sieg von Jesus gar nicht in meinem Alltag! Mir fehlt diese Hoffnung und Zuversicht! Jesus erklärt: Es braucht dazu vier Schritte: *„Wenn ihr in meinem Wort bleibt, so seid ihr wahrhaft meine Jünger; und ihr werdet die Wahrheit erkennen, und die Wahrheit wird euch frei machen"* (Johannesevangelium 8,31-32).

A) Im Wort bleiben, B) Jünger sein, C) Wahrheit erkennen, D) und die Wahrheit wird euch frei machen! Wir Menschen wollen eigentlich nur Punkt D), nämlich frei sein! Das ist normal! Aber A) bis C) gehören auch dazu!

A) *„Im Wort bleiben"* könnte sein: Bibellesen, es hilft sicher auch, wichtige Verse auswendig zu lernen. Das kostenlose Bible-App kann sicher dabei helfen. Oder die Verse in der Bibel markieren, die einem besonders wichtig wurden. Seit 283 Jahren gibt es auch ein praktisches Andachtsbuch der Herrnhuter Losungen: Jeden Tag stehen dort zwei Bibelverse, einer aus dem Alten Testament und einer aus dem Neuen Testament. Dazu eine passende Liedstrophe oder ein Gedicht und weiterführende Bibelstellen. Dies ist sehr empfehlenswert. Oder ein Abreisskalender mit Bibelversen. Das Ziel ist, das Bibellesen irgendwie unkompliziert in den Tagesablauf zu integrieren. Durch die Bibel spricht Gott zu uns in unseren Alltag hinein!

B) *„Jünger sein"* könnte heissen: Nachfolge in der Tat. Ein Jünger ist nie allein. Jesus hatte ja auch zwölf Jünger und nicht nur einen einzelnen. Also regelmässig Gemeinschaft mit Christen pflegen, zum Beispiel nach einem Gottesdienst zusammen reden oder einen Hauskreis besuchen. Entscheidend ist auch das Gebet. Beten heisst Reden mit Gott. Mit ihm den Tag beginnen und aufhören.

C) *„Wahrheit erkennen"* kann bedeuten: Den Heiligen Geist bitten, dass er uns erfüllt und uns jeden Tag leitet und zu uns spricht.

D) *„Die Wahrheit wird euch frei machen"* heisst: Jesus wird uns befreien vom Bösen.

5.7 Zusammenfassung

Man kann sich folgende Eselsbrücke merken: Wir haben fünf Finger! Einen Finger für je „Teufel, Tod, Hölle, Welt und Sünde." Wenn wir sie zur Faust ballen, können wir uns daran erinnern, dass

Gott in Jesus unsere fünf grössten Feinde besiegt hat! Der stärkste Gott ist eben Jesus, der Gott „*im Fleisch*" (1.Timotheusbrief 3,16). Das Schöne ist: Jesus besiegt nicht nur Teufel, Tod, Hölle, Welt und Sünde für uns, sondern er schenkt uns auch das Beste, nämlich: „*Liebe, Freude, Friede, Langmut, Freundlichkeit, Güte, Treue, Sanftmut, Enthaltsamkeit*" (Galaterbrief 5,22-23) durch seinen Heiligen Geist! Jesus ermöglicht uns durch seinen Tod und seine Auferstehung ein neues Leben und ein ewiges Leben. Es beginnt schon hier! Das Reich Gottes ist mitten unter uns! Gemeinschaft von Menschen und Gott. Halleluja!

Fragen zum Nachdenken und Diskutieren
A) Teufel: Hast du dich in den Okkultismus verstrickt? Jesus befreit dich! Suche dir eine Vertrauensperson und bete mit ihr!
B) Tod: Falls du Angst vor dem Tod hast oder dir nicht sicher bist, was nachher kommt, lies Offenbarung 21-22. Gott liebt dich!
C) Die Hölle kommt sowohl im Alten als auch im Neuen Testament vor: Z.B. Jesaja 66,24 und Matthäusevangelium 5,29-30.
D) Welt: Was nimmt dich gefangen, das für sich genommen nicht schlecht ist, aber für dich schlecht werden kann?
E) Sünde: Gott vergibt sie uns, wenn wir sie ihm bekennen!
F) Im Wort sein: Wie beschäftigst du dich am liebsten mit der Bibel?
G) Jünger sein: Wie, wann und wie oft hast du Gemeinschaft mit Jesus und mit anderen Christen?
H) Die Wahrheit erkennen: Was hilft dir, Schritte im Glauben und in der Erkenntnis Gottes zu tun?
I) Die Wahrheit wird dich frei machen: Wo hat Jesus dich schon befreit und wo brauchst du noch Befreiung?

6. Auffahrt: Jesus wird König!
6.1 Jesus ist für dich gestorben, auferstanden und aufgefahren

Heute feiern wie die Erinnerung an die Auffahrt von Jesus. Was war die Vorgeschichte? Jesus starb am Karfreitag im Jahr 30 n.Chr. Drei Tage später, an Ostern, hat Gott der Vater ihn von den Toten auferweckt. Jesus erschien während 40 Tagen seinen Jüngern. Was tat er in dieser Zeit? Er unterrichtete sie über das Reich Gottes (vgl. Apostelgeschichte 1,3). Er erklärte ihnen die Gedanken Gottes. Jesus befahl seinen Jüngern, in Jerusalem zu bleiben, bis sie den Heiligen Geist empfangen, was ja auch an Pfingsten geschah. Eine wichtige Frage brannte den Jüngern unter den Nägeln: *„Herr, stellst du in dieser Zeit für Israel das Reich wieder her?"* (Apostelgeschichte 1,6). Wir könnten die Frage umformulieren: Bist du der verheissene politische Messias? Die Jünger wollten wissen, ob Jesus mit Gewalt das Land Israel von den Römern befreien würde, die Judäa besetzt hielten. Das Problem war, dass sich im Laufe der Jahrhunderte die Messiashoffnungen und Messiaserwartungen aufhäuften und so die Vorstellung entstand, dass der Christus mit politischen Mitteln, das heisst konkret mit Gewalt, die Römer aus Judäa vertreiben werde. Jesus antwortete ihnen: *„Es ist nicht eure Sache, Zeiten oder Zeitpunkte zu wissen, die der Vater in seiner eigenen Vollmacht festgesetzt hat"* (Apostelgeschichte 1,7). Jesus wird dies schon einmal tun, jedoch bei seinem zweiten Kommen, also noch nicht jetzt. Warum erklärte Jesus dies? Jesus predigte die Feindesliebe (vgl. Matthäusevangelium 5,44 und Lukasevangelium 6,27.35) und lebte sie auch ganz konkret. Er wollte mit diesem Gewaltanspruch an einen politischen Gewalt-Messias nicht in Verbindung gebracht werden. Das Reich Gottes ist nicht ein sichtbares Reich von dieser Welt. *„Jesus antwortete* [vor Pilatus]*: Mein Reich ist nicht von dieser Welt; wenn mein Reich von dieser Welt wäre, so hätten meine Diener gekämpft, damit ich den Juden nicht überliefert*

würde, jetzt aber ist mein Reich nicht von hier" (Johannesevangelium 18,36). In anderen Worten: Jesus lehnt diese menschlichen Hoffnungen ab, aber gleichzeitig gewährt er eine viel bessere, nämlich eine göttliche Hoffnung: *„Aber ihr werdet Kraft empfangen, wenn der Heilige Geist auf euch gekommen ist"* (Apostelgeschichte 1,8). Kraft ist auf Griechisch „dynamis." Wir kennen vielleicht das Wort „Dynamo" bei einem Velo. Das ist ein Gerät, das Strom produziert. Power! Energie! Jesus spricht ausserdem: *„Johannes* [der Täufer] *taufte mit Wasser, ihr aber werdet mit Heiligem Geist getauft werden"* (Apostelgeschichte 1,5). Johannes der Täufer war der Wegbereiter von Jesus. Er taufte Menschen im Jordan. Und zwar taten sie dies als sichtbares Zeichen ihrer inneren Umkehr von ihren Sünden zum lebendigen Gott. Johannes der Täufer beschrieb Jesus: *„Er wird euch mit Heiligem Geist und Feuer taufen"* (Lukasevangelium 3,16). Komisch: mit FEUER! Was kann das bedeuten? Feuer ist stark, es brennt, es reinigt, Gold wird im Feuer entschlackt. Es ist wichtig, dass hier steht: *„mit Heiligem Geist und Feuer"*! Denn sonst meinen wir vielleicht: ja, Geist, das ist ja nur ein Wölkchen, Wind, Hauch, aber keine Kraft. Doch Feuer ist Power! Auch wir heute brauchen nicht nur die Taufe mit Wasser, sondern auch diese Taufe *„mit Heiligem Geist"*! Was ist sie genau? Sie geschieht, wenn Gott uns ergreift und uns ausrüstet mit seinem Geist, mit seiner Kraft. Wir brauchen ihn jeden Tag, auch um die Bibel zu verstehen, weil die Bibel vom Heiligen Geist gehaucht wurde. Diese Taufe im Heiligen Geist kann in einer Bitte, also in einem einfachen Gebet, ausgedrückt werden: „Lieber Jesus, bitte erfülle uns mit dem Heiligen Geist, damit wird dich noch besser kennenlernen! Bitte sprich zu uns im Alltag und leite uns in unserem Leben! Amen."
Jesus verspricht uns: *„Wenn nun ihr, die ihr böse seid, euren Kindern gute Gaben zugeben wisst, wieviel mehr wird der Vater,*

der vom Himmel gibt, den Heiligen Geist geben denen, die ihn bitten!" (Lukasevangelium 11,13). Hier sehen wir, dass Jesus uns motiviert, Gott Vater um den Heiligen Geist zu bitten. Wenn wir mit dem Heiligen Geist erfüllt sind, gilt auch der nachfolgende Vers für uns, wo Jesus spricht: *„und ihr werdet meine Zeugen sein"* (Apostelgeschichte 1,8). Wir sind berufen, die Zeugen von Jesus zu sein. Ein Zeuge kündet von dem, was er persönlich erlebt und erfahren hat! Ein Zeuge von Jesus redet also von ihm. Jeder Mensch ist unterschiedlich und deshalb gibt es auch unterschiedliche Möglichkeiten, um von Jesus zu reden und ihn bekannt zu machen: an der Schule, am Arbeitsplatz, im Kollegenkreis, in der Öffentlichkeit usw. Wichtig ist, dass jeder seine Gaben nutzt, die Gott ihm gab. Das Buch von Christian Schwarz mit dem Titel: „Die drei Farben deiner Gaben" kann helfen, die verschiedenen Gaben kennenzulernen. 30 verschiedene Gaben werden aufgelistet, keine ist besser oder wertvoller als die andere. Sie ergänzen sich. Wenn wir unsere Gaben, die wir von Gott geschenkt erhielten, für Jesus in einer örtlichen Kirche einsetzen, wird das nicht ohne Folgen bleiben! Jesus spricht: *„ihr werdet meine Zeugen sein, sowohl in Jerusalem als auch in ganz Judäa und Samaria und bis an das Ende der Erde"* (Apostelgeschichte 1,8). Die Botschaft von Jesus hat sich ausgebreitet von der kleinen Stadt Jerusalem am Rande des römischen Reiches bis über Judäa, Samaria und Rom, der damaligen Welthauptstadt. Also innerhalb weniger Jahre in den wichtigsten Städten des Mittelmeerraumes. Ein Vergleich mit heute: eine Nachricht geht von Egerkingen über Bern bis nach Brüssel und New York... dann muss sie ziemlich wichtig sein!
„Und als er [= Jesus] *dies gesagt hatte, wurde er vor ihren Blicken emporgehoben, und eine Wolke nahm ihn auf vor ihren Augen weg"* (Apostelgeschichte 1,9). Dies ist nun die eigentliche Auffahrt von Jesus: Er wird von Gott in den Himmel emporgehoben. Wo ist

Jesus nun? Jesus wurde „*in den Himmel aufgenommen und setzte sich zur Rechten Gottes*" (Markusevangelium 16,19). Warum ist es wichtig, dass Jesus aufgefahren ist? Die Auffahrt verdeutlicht nochmals, dass auch die Auferstehung von Jesus etwas Spezielles war. In der Bibel gibt es acht weitere Berichte von Auferstehungen, also von Toten, die Gott wieder zum Leben erweckte: Der Sohn einer Witwe (1.Könige 17,17-21), der Sohn einer Schunemiterin (2.Könige 4,8-37), ein Mann (2.Könige13,20-21), der Jüngling von Nain (Lukasevangelium 7,11-17), die Tochter des Jaïrus (Markusevangelium 5,21-43), Lazarus (Johannesevangelium 11,1-45), Tabita (Apostelgeschichte 9,36-42) und Eutychus (Apostelgeschichte 20,7-12).

Die Auferstehung und die Auffahrt von Jesus zeigen uns jedoch, dass Jesus eine spezielle Position innehat: Er ist einzigartig, obwohl auch Henoch (1.Mose 5,24) und Elia (2.Könige 2,11) entrückt wurden. Wie in Psalm 99 beschrieben, ist Gott König geworden. So kann man auch sagen, dass Jesus mit seiner Auffahrt König geworden ist. Nun stellt sich auch für uns die alles entscheidende Frage: Wer ist Jesus? Jesus kann in keine Kategorie der damaligen Zeit eingeteilt werden! Er ist:

A) weder ein Eiferer (Zelot), der wollte, dass der politische Messias das Reich Israel mit Gewalt aufrichtet,

B) noch ein Schriftgelehrter oder Pharisäer, also ein Frommer, der peinlich genau die Gesetze des Alten Testamentes einhalten wollte,

C) noch ein Sadduzäer, ein Liberaler, der mit den einmarschierten Römern zusammenarbeitete,

D) noch ein Sektierer (Essener), der in der abgeschlossenen Gemeinschaft Qumran abgeschieden lebte,

sondern GOTT IM FLEISCH! Jesus ist ganz Gott und ganz Mensch! Er ist der Sohn Gottes, der höchste Gott, der für dich aus dem Himmel kam, für deine Sünden starb, für dich auferstand von den Toten und für dich in den Himmel aufgefahren ist und jetzt bei

Gott Vater für dich einsteht. Dies ist das EVANGELIUM, die frohe Botschaft und gute Nachricht!

„Und als sie gespannt zum Himmel schauten, wie er auffuhr, siehe, da standen zwei Männer in weissen Kleidern bei ihnen" (Apostelgeschichte 1,10). Die Jünger blicken nach oben und plötzlich erscheinen zwei Männer, es sind Engel, also Boten Gottes, die sprechen: *„Männer von Galiläa, was steht ihr und seht hinauf zum Himmel? Dieser Jesus, der von euch weg in den Himmel aufgenommen worden ist, wird so kommen, wie ihr ihn habt hingehen sehen in den Himmel"* (Apostelgeschichte 1,11). Jesus wird ein zweites Mal wiederkommen in Macht und Herrlichkeit, dann wird er Gericht üben über diejenigen, die ihn abgelehnt haben. Wir brauchen aber keine Angst zu haben vor diesem Weltuntergang, denn für uns ist es die Weltvollendung. Die Mission von Jesus wird dann vollendet werden und das Ziel Gottes mit den Menschen wird seine Erfüllung finden.

Die Auffahrt von Jesus bedeutet der Abschluss von seinem Dienst hier auf der Erde: Das Markusevangelium und Lukasevangelium enden mit der Auffahrt. Doch für die Apostel bedeutete dies erst der Anfang! Apostel heisst „der Abgesandte", also die Abgesandten Gottes. Jesus sendet nun seine Jünger in die weite Welt hinaus. Auf Griechisch heisst die Apostelgeschichte: „die Taten der Apostel." Nun gibt's Action! Nun geschieht etwas! Was bedeutet das für uns? Für uns bedeutet dies zwei Dinge: Auftrag und Ausrüstung:

6.2 Gott erteilt dir einen wunderbaren Auftrag!

Jesus erteilt uns einen gewaltigen Auftrag! Man kann ihn auch „Missionsbefehl" nennen. Jesus spricht: *„Mir ist alle Macht gegeben im Himmel und auf Erden. Geht nun hin und macht alle Nationen zu Jüngern, und tauft sie auf den Namen des Vaters und des Sohnes und des Heiligen Geistes, und lehrt sie alles zu* bewahren, was ich euch geboten habe! Und siehe, ich bin bei euch alle Tage bis zur Vollendung des Zeitalters" (Matthäusevangelium 28,18-20).

Unser Auftrag enthält fünf Punkte:

A) Zuspruch und Hoffnung: Jesus „*ist alle Macht gegeben*", er ist der allmächtige Gott.

B) „*Alle zu Jüngern machen*" heisst natürlich nicht, dass man mit Zwang jemanden zum christlichen Glauben überreden soll. Der Glaube an Jesus muss in einer freien Entscheidung getroffen werden. Gott rüstet uns zu, sodass wir von Jesus reden.

C) Die Nachfolger sollen getauft werden „*auf den Namen*" des dreieinigen Gottes.

D) Wir sollen lernen, die Gebote und Lehren von Jesus zu befolgen, also konkret lernen, ein Leben zu führen, wie es Gott gefällt anhand der Bibel.

E) Dies alles soll getan werden in der Kraft des Heiligen Geistes. Jesus ist unter den Nachfolgern immer anwesend durch den Heiligen Geist (vgl. Matthäusevangelium 18,20).

Dieser Auftrag mit seinen Anforderungen könnte uns erschlagen, falls es keine Ausrüstung dazu gäbe!

6.3 Gott rüstet dich für seinen Auftrag aus!

Gott rüstet uns mit seinem Heiligen Geist aus. Was bewirkt er in uns?

A) Das erste Werk des Heiligen Geistes ist, dass er uns unsere Sünde aufzeigt. Jesus spricht: „*Und wenn er* [= der Heilige Geist] *gekommen ist, wird er die Welt überführen von Sünde*" (Johannesevangelium 16,8). Sünde meint hier alles, was wir falsch gemacht haben, besonders unseren Unglauben gegenüber Jesus. Dies verwundert wohl einige im ersten Moment. Doch Gott will zuerst mal „reinen Tisch machen", uns Menschen reinigen vom alten Leben. Wie geht das genau? Mit einem Gebet können wir

Gott alles bekennen, was uns quält und bedrückt aus der Vergangenheit. Gott macht uns neu. Er verspricht: „*Daher, wenn jemand in Christus ist, so ist er eine neue Schöpfung; das Alte ist vergangen, siehe, Neues ist geworden*" (2.Korintherbrief 5,17). Durch den Glauben an Jesus werden wir zu einer neuen Kreatur, zu einem neuen Lebewesen.

B) Das zweite Handeln ist, dass er uns das Gute gibt. Er nimmt uns also nicht nur das Schlechte weg indem er uns unsere Sünden, Schuld und Fehler vergibt, sondern er schenkt uns auch das Beste: „*Die Frucht* [= die Auswirkung] *des [Heiligen] Geistes aber ist: Liebe, Freude, Friede, Langmut, Freundlichkeit, Güte, Treue, Sanftmut, Enthaltsamkeit*" (Galaterbrief 5,22-23). Diese Charaktereigenschaften wachsen in uns, wenn wir an Jesus zu glauben beginnen.

Was geschah nach der Auffahrt? Nachdem die Engel zu den Jüngern sprachen, gingen sie vom Ölberg weg und gingen nach Jerusalem: die elf Apostel (ohne Judas Iskariot, den Verräter) „*verharrten einmütig im Gebet mit einigen Frauen und Maria, der Mutter Jesu, und mit seinen Brüdern*" (Apostelgeschichte 1,14). Gemeinschaft mit anderen Christen ist sehr wichtig. So kann der Glaube gestärkt werden und man nimmt Anteil am Leben anderer. Dazu eignen sich Hauskreise sehr gut. Hauskreis bedeutet: Man trifft sich bei jemandem zu Hause wöchentlich oder vierzehntäglich und betet zusammen und liest in der Bibel. So kann der Glaube an Jesus wachsen und das Vertrauen auf Gott, auch im Alltag, zunehmen.

Zusammenfassung

Wer ist Jesus? Die Auferstehung und Auffahrt beweisen, dass Jesus der SOHN GOTTES ist.

Gott erteilt uns einen wunderbaren Auftrag: Von Jesus zu erzählen, das EVANGELIUM weiterzugeben gemäss den unterschiedlichen Gaben, die Gott jedem Menschen schenkt.

Gott rüstet uns für seinen Auftrag aus: Er schenkt uns seinen Heiligen Geist, der uns die Kraft zu einem christlichen Leben gibt:

A) Gemeinschaft leben, beispielsweise in einem Hauskreis.

B) Gebet: In einfachen Worten können wir mit Gott reden und ihm alles mitteilen, was uns beschäftigt.

C) Bibel lesen, weil sie das Wort Gottes ist und Gott uns so stärkt und in unseren Alltag hineinspricht.

D) Gott schenkt uns Hoffnung auf die Wiederkunft von Jesus, die Weltvollendung.

Jesus spricht: *„Aber ihr werdet Kraft empfangen, wenn der Heilige Geist auf euch gekommen ist; und ihr werdet meine Zeugen sein, sowohl in Jerusalem als auch in ganz Judäa und Samaria und bis an das Ende der Erde"* (Apostelgeschichte 1,8), also bis nach Egerkingen und ins Gebiet Gäu.

Fragen zum Nachdenken und Diskutieren

A) Welches sind deine Stärken? Welche Begabungen hat Gott dir geschenkt? Wo setztest du sie ein?

B) Wohin schickt Gott dich, wo du Zeuge für Jesus bist?

7. Pfingsten: Der Heilige Geist kommt!

„Und die ganze Erde hatte ein und dieselbe Sprache und ein und dieselben Wörter. Und es geschah, als sie von Osten aufbrachen, da fanden sie eine Ebene im Land Schinar und ließen sich dort nieder. Und sie sagten einer zum anderen: Auf, lasst uns Ziegel streichen und hart brennen! Und der Ziegel diente ihnen als Stein, und der Asphalt diente ihnen als Mörtel. Und sie sprachen: Auf, wir wollen uns eine Stadt und einen Turm bauen, und seine Spitze bis an den Himmel! So wollen wir uns einen Namen machen, damit wir uns nicht über die ganze Fläche der Erde zerstreuen! Und der HERR fuhr herab, um die Stadt und den Turm anzusehen, die die Menschenkinder bauten. Und der HERR sprach: Siehe, ein Volk sind sie, und eine Sprache haben sie alle, und dies ist erst der Anfang ihres Tuns. Jetzt wird ihnen nichts unmöglich sein, was sie zu tun ersinnen. Auf, lasst uns herabfahren und dort ihre Sprache verwirren, dass sie einer des anderen Sprache nicht mehr verstehen! Und der HERR zerstreute sie von dort über die ganze Erde; und sie hörten auf, die Stadt zu bauen. Darum gab man ihr den Namen Babel; denn dort verwirrte der HERR die Sprache der ganzen Erde, und von dort zerstreute sie der HERR über die ganze Erde" (1.Mose 11,1-9).

„Und als der Tag des Pfingstfestes erfüllt war, waren sie alle [= die Jünger] *an einem Ort beisammen. Und plötzlich geschah aus dem Himmel ein Brausen, als führe ein gewaltiger Wind daher, und erfüllte das ganze Haus, wo sie saßen. Und es erschienen ihnen zerteilte Zungen wie von Feuer, und sie setzten sich auf jeden Einzelnen von ihnen. Und sie wurden alle mit Heiligem Geist erfüllt und fingen an in anderen Sprachen zu reden, wie der Geist ihnen gab auszusprechen. Es wohnten aber in Jerusalem Juden, gottesfürchtige Männer, von jeder Nation unter dem Himmel. Als aber dieses Geräusch entstand, kam die Menge zusammen und*

wurde bestürzt, weil jeder Einzelne sie in seiner eigenen Mundart reden hörte" (Apostelgeschichte 2,1-6).
Jetzt stellt sich die Frage: Was bedeutet Pfingsten? Pfingsten ist:

7.1 Pfingsten ist die Umkehr des Turmbaus zu Babel

Die Menschen wollten in Babel eine Stadt und einen Turm errichten. Das Spezielle daran war: *„seine Spitze bis an den Himmel! So wollen wir uns einen Namen machen"* (1.Mose 11,4). Sie wollten sich zusammenschliessen und etwas gegen Gott unternehmen. Einfacher ausgedrückt: Sie waren stolz gegenüber Gott. Sie wollten ihn übertrumpfen. Sie wollten sich aus eigener Kraft zu Gott hocharbeiten. Was macht Gott? Der Turm, der in den Augen der Menschen so gross scheint, ist für Gott so klein und winzig, dass Gott der Vater erst vom Himmel herunterkommen muss, um ihn näher anzuschauen. Er verwirrte die Sprache der Menschen und trieb sie von der Stadt weg. Warum tat er dies? Aus LIEBE, weil die Menschen sich sonst selber vernichtet hätten in dieser ersten Grossstadt, weil ihnen der Glaube an Gott fehlte.
Wir denken vielleicht: Aber ich mache doch gar keinen Turm in meinem Garten! Vielleicht keinen Turm aus Stein und Mörtel, doch eventuell einen aus Gedanken oder Taten? Wie wollen wir zu Gott kommen? Speziell in Zeiten des Machbarkeitswahns und der Leistungsgesellschaft. Als Beispiel die Esoterik, in der es um verschiedene Meditationsübungen geht, um die innere Harmonie zu finden. In Fulenbach steht neben unserer Kirche ein Yogazentrum: Im Yoga geht es um Bewegungsübungen, um im Gleichgewicht zu bleiben. Im Islam muss der Mensch die fünf Säulen und im Buddhismus den achtfachen Pfad einhalten, um errettet zu werden. Und im Christentum? Pfingsten bedeutet die Umkehr des Turmbaus zu Babel! Wir brauchen keine eigene Leistung, um zu Gott zu kommen. Das Wunderbare ist: Gott selbst kommt zu uns Menschen! Dies ist Gnade und Geschenk. Genau das unterscheidet

alle Religionen vom christlichen Glauben! Was bedeutet Pfingsten für uns ganz konkret? Wir Menschen haben schon genug getan! Wir müssen nicht selber etwas knorzen und selber alles machen. Nicht nur Gott der Vater ist hinuntergekommen beim Turmbau, sondern auch Gott der Sohn Jesus Christus ist aus dem Himmel hinunter gekommen beim ersten Weihnachten, um uns zu retten: *„Er erniedrigte sich selbst"* und *„er entäusserte sich"* (Philipperbrief 2,6). Er demütigte sich selber. Das HINUNTERKOMMEN und HINABSTEIGEN gehört zum Charakter des Gottes der Bibel. Dies ist das EVANGELIUM, die frohe Botschaft und gute Nachricht: Am Kreuz von Golgatha hat am Karfreitag im Jahr 30 n.Chr. der Sohn Gottes Jesus Christus für alle unsere Schuld und Sünde bezahlt. Er bahnte den Weg zu Gott dem Vater. Wegen seinem Tod und seiner Auferstehung können wir mit Gott in Beziehung kommen. Mit einem einfachen Gebet laden wir Jesus in unser Leben ein: „Jesus, du siehst, dass ich bisher selber versucht habe, zu Gott zu kommen, durch meine Leistung oder durch Methoden oder anderes. Ich habe ohne dich gelebt. Bitte vergib mir und komm in mein Leben. Amen." Wenn wir so beten, kommt Jesus in unser Leben und wir erhalten eine Beziehung mit Gott.

7.2 Pfingsten ist das Kommen des Heiligen Geistes als die Erfüllung von Vorhersagen

Wer ist der Heilige Geist? Der Heilige Geist ist keine Erfindung der Christen. Er kommt bereits im zweiten Vers der Bibel vor: *„Im Anfang schuf Gott die Himmel und Erde. Und die Erde war wüst und leer und Finsternis war über der Tiefe; und der Geist Gottes schwebte über den Wassern"* (1.Mose 1,1-2). Im Alten Testament kam der Heilige Geist nur auf einzelne Menschen, die für eine bestimmte Zeit einen besonderen Dienst für Gott tun mussten: Auf Mose, auf 70 Älteste, auf den ersten König Israels: Saul, auf den zweiten König Israels: David, auf die Propheten Elia, Elisa, Hesekiel, Daniel usw.

Das Neue an Pfingsten ist nun, dass alle Christen den Heiligen Geist erhalten und nicht nur einige spezielle und für eine bestimmte Dienstzeit! Diese Neuerung hat Gott bereits mehrere Jahrhunderte vorher durch mehrere Propheten vorhergesagt. Drei werden wir näher betrachten:

A) Gott spricht: *„Siehe, Tage kommen, spricht der HERR, da schließe ich mit dem Haus Israel und mit dem Haus Juda einen neuen Bund: nicht wie der Bund, den ich mit ihren Vätern geschlossen habe an dem Tag, als ich sie bei der Hand fasste, um sie aus dem Land Ägypten herauszuführen* [also den Sinaibund mit den 10 Geboten] *– diesen meinen Bund haben sie gebrochen, obwohl ich doch ihr Herr war, spricht der HERR. Sondern das ist der Bund, den ich mit dem Haus Israel nach jenen Tagen schließen werde, spricht der HERR: Ich werde mein Gesetz in ihr Inneres legen und werde es auf ihr Herz schreiben. Und ich werde ihr Gott sein, und sie werden mein Volk sein. Dann wird nicht mehr einer seinen Nächsten oder einer seinen Bruder lehren und sagen: Erkennt den HERRN! Denn sie alle werden mich erkennen von ihrem Kleinsten bis zu ihrem Größten, spricht der HERR. Denn ich werde ihre Schuld vergeben und an ihre Sünde nicht mehr denken"* (Jeremia 31,31-34).

B) Gott spricht: *„Und ich werde euch ein neues Herz geben und einen neuen Geist in euer Inneres geben; und ich werde das steinerne Herz aus eurem Fleisch wegnehmen und euch ein fleischernes Herz geben. Und ich werde meinen Geist in euer Inneres geben; und ich werde machen, dass ihr in meinen Ordnungen lebt und meine Rechtsbestimmungen bewahrt und tut"* (Hesekiel 36,25-27).

C) Gott spricht: *„Und danach wird es geschehen, dass ich meinen Geist ausgießen werde über alles Fleisch. Und eure Söhne und* *eure Töchter werden weissagen, eure Greise werden Träume haben, eure jungen Männer werden Visionen sehen. Und selbst über die Knechte und über die Mägde werde ich in jenen Tagen meinen Geist ausgießen"* (Joel 3,1-2).

Zusammengefasst:
A) Durch Pfingsten kommt der Heilige Geist auf alle Christen, sowohl auf Mann und Frau, Jung und Alt, arm und reich (vgl. Joel 3,1-2).
B) Er verändert uns von innen her (vgl. Jeremia 31,32-34 und Hesekiel 36,25-26).
C) Er schenkt uns auch die übernatürliche Kraft dazu, gemäss der Bibel zu leben (vgl. Hesekiel 36,27).

Gott ermutigt uns in der Bibel: *„Werdet voller* [Heiligem] *Geist"* (Epheserbrief 5,18). Wir müssen keine Angst haben vor dem Heiligen Geist und seinem übernatürlichen Wirken. In der Bibel heisst es: *„Denn ihr habt nicht einen Geist der Knechtschaft empfangen, wieder zur Furcht, sondern einen Geist der Sohnschaft habt ihr empfangen, in dem wir rufen: Abba, Vater!"* (Römerbrief 8,15). Der Heilige Geist beraubt uns nicht unserer Freiheit, sondern er ermöglicht uns, dass wir Gott Vater mit „Abba" (= Papa) anrufen.

Wie verändert uns der Heilige Geist von innen her? Das erste Wirken von ihm: Er zeigt uns unsere Sünde auf (vgl. Johannesevangelium 16,8). Wenn wir Jesus um Vergebung bitten, vergibt er uns, wie Gott schon durch den Propheten Jeremia vorhersagte: *„Denn ich werde ihre Schuld vergeben und an ihre Sünde nicht mehr denken"* (Jeremia 31,34). Dann ist dieses Böse weg und Gott erfüllt uns mit seinem Guten, mit seiner Liebe (vgl. Galaterbrief 5,22-23). Gott der Heilige Geist verändert uns von innen her. Und zwar nicht im Sinn von: „Du sollst!" Es ist keine Moral, die von aussen an uns herantritt, sondern von innen her. Gott sagt: „Du darfst!" Weil Jesus für mich gestorben und auferstanden ist, darf ich nun Gott „Papa" nennen. Daraus entspringt eine Ethik der Dankbarkeit! Der Heilige Geist verändert unseren WILLEN, indem er ihn an denjenigen von Gott, wie er in der Bibel beschrieben wird, anpasst.

Wenn es uns schlecht geht, wenn wir Existenzprobleme oder Schwierigkeiten am Arbeitsplatz haben, oder niedergeschlagen sind und so viel zu tun haben, dass wir fast nicht wissen, in welcher Reihenfolge wir was erledigen sollen, dann ist es am besten, wenn wir den Heiligen Geist anrufen und ihn mit einem einfachen Gebet einladen in unser Herz und Leben.

Der Heilige Geist macht uns froh. Er ist der Einzige, der unsere tiefste innere Sehnsucht nach Liebe stillen kann! Warum kann er das? Er ist PERSON UND NICHT EIN PRINZIP. Wir sehnen uns ja nach Beziehungen und der Heilige Geist wohnt sogar in uns. Das ist die intimste Beziehung, die es überhaupt gibt.

7.3 Pfingsten ist die Gründung der Kirche

Natürlich nicht mit Kirchenturm und Glocke, sondern die Gründung der ersten christlichen Gemeinde, einer Gemeinschaft. An Pfingsten hat Gott ein Sprachwunder vollbracht: Die Jünger von Jesus reden in Sprachen, die sie gar nie gelernt haben. Dadurch hören und verstehen viele tausend Menschen, die in Jerusalem zum jüdischen Wochenfest gekommen sind, die Botschaft von Jesus in ihrer Mundart, in ihrem eigenen Dialekt. 3000 Menschen beginnen an diesem Tag, an Jesus zu glauben. Was heisst das für uns? Gott will keine christlichen Einzelkämpfer, sondern dass wir einander helfen. Jeder bekommt vom Heiligen Geist eine oder mehrere Gaben, die er in der Kirche einsetzen soll. Niemand ausser Jesus hatte alle Geistesgaben. Deswegen ist es auch wichtig, dass wir uns in einer Kirche zusammenschliessen und einander ergänzen. Jesus ermahnt und ermuntert uns, *„unser Zusammenkommen nicht* [zu] *versäumen"* (Hebräerbrief 10,25), also regelmässig eine

Kirchgemeinde zu besuchen. Für den persönlichen Austausch eignen sich auch Hauskreise sehr gut, in denen Christen gemeinsam singen, beten und in der Bibel lesen. So werden wir für den Alltag mit Gott gestärkt.

7.4 Veranschaulichung: Schiff als Wort und Geist!
Das jüdische Pfingstfest ist das Fest zur Erinnerung daran, dass Gott dem Mose die Thora, die fünf Bücher Mose, diktiert hat. Mit anderen Worten ausgedrückt: Das jüdische Pfingstfest ist das Bibelfest. Und genau an diesem Bibelfest kommt der Heilige Geist auf die Christen! Die Bibel und der Heilige Geist gehören also untrennbar zusammen!
Unser Leben ist wie ein grosses und wertvolles Schiff. Im Hebräischen [ruach] und Griechischen [pneuma] ist das Wort für „Wind" dasselbe wie „Geist." Der Heilige Geist ist der Wind, der in unser Segel bläst und das ganze Schiff antreibt. Das Ruder, mit dem dieses riesige Schiff gesteuert wird, ist die Bibel! Die Bibel als Ruder zeigt, wohin die Reise geht. Der Heilige Geist führt zur Bibel, weil sie das Wort Gottes ist, das schwarz auf weiss vorliegt. Und wiederum: Durch das Lesen in der Bibel spricht der Heilige Geist zu uns und wirkt an unserem Herzen. Dies ist ein Kreis, aber kein Teufelskreis, sondern ein Gotteskreis.
Allerdings können wir auf zwei Seiten vom Pferd fallen:
A) Es gibt Freikirchen, die anfangs mit dem Heiligen Geist beginnen, aber nur den Heiligen Geist betonen und die Bibel nicht. Dies ist gefährlich. Plötzlich werden sie zur Sekte, weil sie sich übergeistlich fühlen und mit den „normalen Bibelchristen" nichts mehr zu tun haben wollen. Sie sehen sich nur noch als Heilige und nicht mehr als gerechtfertigte Sünder. Dann haben sie zwar eine Zeitlang Gottes Kraft, aber irgendwann wirkt der Heilige Geist nicht mehr (weil er ja durch die Bibel spricht) und sie nehmen es nicht mehr ernst mit der christlichen Ethik, sie werden sogar

unmoralisch! Ihr Irrtum besteht darin: Sie meinen, plötzlich sei alles erlaubt und alles sei nur noch „Geist und Herrlichkeit." Eine wichtige Warnung: „Falls man das normale Reden Gottes durch die Bibel verachtet, verachtet man früher oder später auch sein spezielles Reden durch geistliche Erlebnisse" (Armin Mauerhofer, mündliches Zitat mit Genehmigung).

B) Andere, sowohl Landeskirchen als auch Freikirchen, fokussieren sich nur auf die Bibel und haben Angst vor dem Wirken des Heiligen Geistes. Leider wird das Wirken des Heiligen Geistes teilweise sogar verteufelt. Dies bewirkt eine Starrheit und das christliche Leben wird zum Krampfen, zur blossen Einhaltung einer äusseren Moral und Tradition.

Das Miteinander und Ineinander von Wort und Geist, vom Heiligen Geist und der Bibel, ist ein lebenslanges Lernen! Unser Gebet an den Heiligen Geist vor dem Bibellesen hilft, diese Gefahr einzuschränken: „Lieber Heiliger Geist, bitte rede jetzt zu mir, wenn ich in der Bibel lese. Amen." Natürlich ist auch das Umgekehrte hilfreich: Beim Beten Gott zu bitten: „Lieber Heiliger Geist, bitte nenne mir eine Bibelstelle, die auf meine Situation zutrifft! Amen."

Mein Freund Sebastian Rastberger wird in aller Kürze zwei Ereignisse seines Lebens schildern, die das Miteinander von Heiligem Geist und der Bibel aufzeigen:

A) Einmal begegnete ich einer Frau, die sich selber für sündlos hielt, obwohl sie die ganze Bibel nach eigener Angabe schon einmal gelesen hat. Der Heilige Geist sprach in meine Gedanken: „Zähle ihr die 10 Gebote auf!" Ich tat dies und sie erkannte, dass auch sie eine Sünderin ist und die Vergebung durch Jesus nötig hat.

B) Ein anderes Mal traf ich eine Frau, die sehr suchend war. Sie war Hindu, aber interessierte sich für den Islam. Für sie war nur gültig, was in einem heiligen Buch schwarz auf weiss stand. Der Heilige Geist sprach in meine Gedanken: „Lies ihr

Johannesevangelium 3,16 vor!" Dann las ich ihr vor: *„So sehr hat Gott die Welt geliebt, dass er seinen eingeborenen Sohn gab, damit jeder, der an ihn glaubt, nicht verloren geht, sondern ewiges Leben hat"* (Johannesevangelium 3,16). Sie wurde tief berührt und blätterte wie wild in ihrer neuen Bibel.

7.5 Zusammenfassung – Pfingsten ist:

A) Die Umkehr des Turmbaus zu Babel ist die Absage an das menschliche Leistungsdenken. Nicht wir müssen zu Gott hinauf in den Himmel uns hocharbeiten, sondern Gott kommt zu uns!

B) Das Kommen des Heiligen Geistes ist die Erfüllung von Vorhersagen. Im Alten Testament kam der Heilige Geist nur für eine gewisse Zeit auf spezielle Personen. Das Neue an Pfingsten: Der Heilige Geist kommt auf alle Christen a) Mann und Frau, jung und alt, arm und reich, b) er verändert uns von innen und c) gibt uns auch die übernatürliche Kraft, gemäss der Bibel zu leben.

C) Die Gründung der Kirche. Gott machte ein Sprachwunder, das die Sprachverwirrung aufhob. Dadurch stiftete er Gemeinschaft zwischen Menschen und Gott. Gott will nicht, dass wir christliche Einzelkämpfer sind, sondern dass wir einander mit unseren Geistesgaben in einer Kirche vor Ort in einer verbindlichen Gemeinschaft dienen.

D) Die Veranschaulichung: Unser Lebensschiff braucht sowohl den Heiligen Geist als kräftigen Wind, um voranzukommen, als auch die Bibel als Ruder, um den Kurs auf Gott zu richten.

E) Aus Liebe kommt Gott der Vater vom Himmel hinunter, um uns Menschen zu retten von unserem Stolz.

Aus Liebe kommt Gott der Sohn Jesus vom Himmel hinunter, um uns Menschen zu erlösen von unserer Sünde.

Aus Liebe kommt Gott der Heilige Geist vom Himmel hinunter, um in uns Menschen zu wohnen.

Aus Liebe kommt der dreieinige Gott vom Himmel zu uns Menschen hinunter, damit wir zu ihm in den Himmel kommen können! Halleluja!

Anmerkungen
A) Die Menschen wollten in Babel das erste Kollektiv bilden. Neuere Beispiele sind der Nationalsozialismus und der Kommunismus. Sie orientierten sich am Menschen und nicht an Gott und lebten beide gemäss dem DDR-Motto: „Ohne Gott und Sonnenschein fahren wir die Ernte ein!" Beide gingen unter. Noch heute gibt es Strömungen, die gerne alles vereinigen möchten: Sprache (z.B. Esperanto/Englisch), Religion (Vermischung: Synkretismus), Staaten (EU).
B) Durch den Heiligen Geist bewirken ganz normale Menschen das Ungewöhnliche zur Ehre Gottes.
C) *„Siehe, auch die Schiffe, die so groß und von heftigen Winden getrieben sind, werden durch ein sehr kleines Steuerruder gelenkt, wohin das Trachten des Steuermanns will"* (Jakobusbrief 3,4).

Fragen zum Nachdenken und Diskutieren
A) Wie hat der Heilige Geist in deinem Leben eingegriffen?
B) Wie erlebst du die Wechselwirkung zwischen der Bibel und dem Heiligen Geist?

8. Ist Gott dreieinig?

„Und *der HERR* erschien ihm [= Abraham] bei den Terebinthen [= eine Baumart] von Mamre, als er bei der Hitze des Tages am Eingang des Zeltes saß. Und er erhob seine Augen und sah: Und siehe, **drei** Männer standen vor ihm; sobald er **sie** sah, lief er **ihnen** vom Eingang des Zeltes entgegen und verneigte sich zur Erde und sagte: *Herr*, wenn ich denn Gunst gefunden habe in *deinen* Augen, so *geh* doch nicht an *deinem* Knecht vorüber! Man hole doch ein wenig Wasser, dann wascht **eure** Füße, und ruht **euch** aus unter dem Baum! Ich will indessen einen Bissen Brot holen, dass **ihr** euer Herz stärkt; danach mögt **ihr** weitergehen; wozu wäret **ihr** sonst bei **eurem** Knecht vorbeigekommen? Und **sie** sprachen: Tu so, wie du geredet hast! Da eilte Abraham ins Zelt zu Sara und sagte: Nimm schnell drei Maß Mehl, Weizengrieß, knete und mache Kuchen! Und Abraham lief zu den Rindern und nahm ein Kalb, zart und gut, und gab es dem Knecht; und der beeilte sich, es zuzubereiten. Und er holte Rahm und Milch und das Kalb, das er zubereitet hatte, und setzte es ihnen vor; und er stand vor ihnen unter dem Baum, und **sie** aßen. Und **sie** sagten zu ihm: Wo ist deine Frau Sara? Und er sagte: Dort im Zelt. Da sprach *er*: Wahrlich, übers Jahr um diese Zeit komme *ich* wieder zu dir, siehe, dann hat Sara, deine Frau, einen Sohn. Und Sara horchte am Eingang des Zeltes, der hinter ihm war. Abraham und Sara aber waren alt, hochbetagt; es erging Sara nicht mehr nach der Frauen Weise. Und Sara lachte in ihrem Innern und sagte: Nachdem ich alt geworden bin, sollte ich noch Liebeslust haben? Und auch mein Herr ist ja alt! Da sprach *der HERR* zu Abraham: Warum hat Sara denn gelacht und gesagt: Sollte ich wirklich noch gebären, da ich doch alt bin? Sollte für den HERRN eine Sache zu wunderbar sein? Zur bestimmten Zeit komme *ich* wieder zu dir, übers Jahr um diese Zeit, dann hat Sara einen Sohn. Doch Sara leugnete und sagte: Ich habe nicht gelacht! Denn sie fürchtete sich. *Er* aber sprach: Nein,

du hast doch gelacht!" (1.Mose 18,1-15). *Kursiv: Gott spricht in der Einzahl.* **Fettdruck: Gott spricht in der Mehrzahl.**
Heute geht es um den dreieinigen Gott! Gott begegnet Abraham in der Gestalt von drei Männern. Interessant ist, dass diese Geschichte im Alten Testament bereits auf die Dreieinigkeit hinweist: Die Personen wechseln teilweise im gleichen Satz hin und her! Einmal ist vom HERRN in der Einzahl die Rede, danach wieder von drei Männern in der Mehrzahl.

8.1 Gott Vater
Die Hand auf unserem Kirchenfenster steht für Gott den Schöpfer.
A) Ganz am Anfang in der Bibel lesen wir: *„Im Anfang schuf Gott die Himmel und die Erde"* (1.Mose 1,1).
B) Gott ist der Schöpfer der Himmel und der Erde! Sowohl der sichtbaren als auch der unsichtbaren Wesen und Dinge. Bei der Erschaffung des Menschen tut Gott folgendes: *„Und Gott sprach: Lasst uns Menschen machen in unserm Bild, uns ähnlich"* (1.Mose 1,26a). *„Und Gott sprach"*: Gott ist so mächtig: Er spricht und es geschieht! *„Lasst uns Menschen machen in unserm Bild, uns ähnlich"*: Dies ist ein Hinweis auf die Dreieinigkeit. Zugleich ist Gott der Vater auch der Erhalter und Vollender der Welt. Er hat sie nicht nur einmal erschaffen und lässt sie jetzt im Stich oder wie ein Uhrmacher schaut er nur zu, sondern er greift ein. Er erhält die Welt und führt sie zu seinem Ziel, der Vollendung hin. Die Charaktereigenschaften von Gott: Gott ist ewig, heilig (Gott kann keine Gemeinschaft haben mit dem Bösen), unfassbar, unsichtbar, allmächtig, allwissend und allgegenwärtig. Diese Eigenschaften gehören zur „Gottheit" Gottes. Das Spezielle am Gott der Bibel, der von Gott Vater: Er ist Liebe, Gerechtigkeit, Person, der Bundesgott Israels und der Vater Jesu Christi.
C) Beim nächsten Spaziergang, in der Badeanstalt oder bei einem sonstigen Aufenthalt in der „Natur" kannst du Gott dem Vater

danken für seine Schöpfung mit einem einfachen Dankgebet. Beispielsweise: „Danke Vater, dass ich diesen Sommer geniessen darf!" Oder auch konkrete Dinge nennen, die einem gefallen wie das Vogelgezwitscher oder die Schönheit von Flora und Fauna.

8.2 Gott Sohn Jesus Christus

Der erste Vers des Johannesevangeliums knüpft an den ersten Vers der Bibel an und beschreibt Gott den Sohn Jesus Christus:
A) *„Im Anfang war das Wort, und das Wort war bei Gott, und das Wort war Gott. Und das Wort wurde Fleisch und wohnte* [= zeltete] *unter uns"* (Johannesevangelium 1,1+14).
B) Gott der Sohn Jesus Christus war seit Ewigkeit bei Gott Vater im Himmel. Aus Liebe schickte Gott Vater seinen Sohn auf die Welt. Jesus kommt zu uns Menschen. Er geht sogar ans Kreuz: An den tiefsten Punkt. Das Kreuz auf unserem Kirchenfenster ist ROT: Dies ist überhaupt kein Zufall! Gott spricht: *„Wenn eure Sünden rot wie Karmesin* [= roter Farbstoff] *sind, wie Schnee sollen sie weiß werden"* (Jesaja 1,18b). In der Bibel ist rot die Farbe der Sünde! Paulus drückt dies so aus: Jesus, *„der Sünde nicht kannte, hat er* [= Gott Vater] *für uns zur Sünde gemacht, damit wir Gottes Gerechtigkeit würden in ihm"* (2.Korintherbrief 5,21). Jesus hat während seines Lebens keine einzige Sünde begangen. Er war perfekt. Jedoch wegen uns machte Gott Vater seinen einzigen Sohn Jesus am Kreuz ZUR SÜNDE!!! Jesus ist gestorben und am dritten Tage von den Toten auferstanden. Das Ziel von Gott dem Vater: Damit wir Menschen die Vergebung unserer Sünde erhalten. Dies wird durch den Begriff *„Gerechtigkeit"* ausgedrückt. Durch den Glauben an Jesus können wir wieder Gemeinschaft mit Gott dem Vater haben.
Heutzutage erleben wir jedoch oftmals die Verharmlosung der Sünde! Das Motto lautet teilweise: „Aber ich bin doch en liäbe Cheib!" Den „lieben" Gott möchte man zwar noch irgendwie

beibehalten und an speziellen Feiertagen im Jahr wie ein Ass aus dem Ärmel zaubern und ihn nach vorne holen. Doch mit Jesus hat man nicht viel am Hut. Gott sagt dazu: NEIN! Du brauchst Vergebung! Jesus ist der extremste Gott: Jesus hat „vollkommen bezahlt" (1.Frage im Heidelberger Katechismus) für unsere Sünde. VOLLKOMMEN! Jesus hat nicht 99% unserer Erlösung geleistet und wir müssen noch 1% machen. Oder 99,9% und wir müssen noch 0,1 (ein Promill) leisten! Sondern VOLLKOMMEN. Wir können seinem Erlösungswerk nichts mehr hinzufügen. Gar rein nichts. Jesus hat für alle unsere Sünden bezahlt: Für diejenigen in der Vergangenheit, Gegenwart und Zukunft! Als im Konfirmationslager eine Person diese Tatsache erkannte, brach sie in Tränen aus. Sie war tief berührt und getroffen, als sie begriff, was Jesus für sie getan hat. Warum hat dies eingeschlagen wie eine Bombe? Dies ist das höchstheiligste EVANGELIUM! Die frohe Botschaft und gute Nachricht! Mit einem schlichten Gebet können wir Jesus in unser Leben bitten: „Lieber Jesus, ich sehe, dass ich Vergebung brauche. Danke, dass du vollkommen für meine Sünde bezahlt hast. Bitte komm in mein Leben und verändere mich. Amen."

C) *„Habt diese Gesinnung in euch, die auch in Christus Jesus [war]"* (Philipperbrief 2,5). Diese Gesinnung wird so beschrieben: Liebe, einmütig, eines Sinnes, nichts aus Eigennutz oder eitler Ruhmsucht tun, in Demut den anderen höher achten als sich selbst, jeder und jede kümmere sich um die anderen (vgl. Philipperbrief 2,2-4).

Die Gesinnung von Jesus erhalten wir nicht aus eigener Anstrengung oder Befolgung von Moral, sondern nur durch Gott den Heiligen Geist!

8.3 Gott der Heilige Geist

A) Jesus spricht: „*Der Beistand aber, der Heilige Geist, den der Vater senden wird in meinem Namen, der wird euch alles lehren und euch an alles erinnern, was ich euch gesagt habe*" (Johannesevangelium 14,26).

B) Die Taube auf unserem Kirchenfenster steht für Gott den Heiligen Geist. Eine Taube, weil Jesus bei seiner Taufe „*den Geist Gottes wie eine Taube herabfahren und auf sich kommen* [sah]" (Matthäusevangelium 3,16). So berichten es alle vier Evangelien. Der Heilige Geist ist unser „*Beistand*", unser Tröster. Ausserdem ist er unser Fürsprecher und Anwalt, er vertritt uns vor Gott. Der Heilige Geist erinnerte die Jünger an alles, was Jesus gesagt hat. Nachher haben die Jünger dies aufgeschrieben, dies wurde zum Neuen Testament. Auch uns heute weist er auf Jesus hin. Er gibt uns im Alltag Kraft!

C) Der Heilige Geist wirkt an uns, wenn wir christliche Sachen unternehmen wie Bibel lesen, beten, Abendmahl feiern, einen Gottesdienst oder einen Hauskreis besuchen oder christliche Bücher lesen und Filme schauen.

8.4 Moderner Vergleich

Gott der Vater ist der Inhaber eines Routers [= Internet-Modem]. Problem: Wir Menschen haben ihn durch unsere Sünde und Bosheit zerstört. Der Preis für die Reparatur beträgt: 1'000'000'000'000'000 Fr. In Worten: Eine Billiarde Franken! Eine Milliarde Milliarden Franken! So teuer ist es, um uns Menschen wieder mit Gott zu verbinden. Niemand von uns kann diese Summe selber aufbieten, nicht einmal der reichste Mensch der Welt oder der frömmste. Trotzdem muss ein Mensch sie bezahlen, weil wir Menschen ja den Router kaputt gemacht haben. Gleichzeitig kann aber nur Gott diese Summe bezahlen, weil sie so hoch ist. Jesus ist ganz Gott und ganz Mensch und kann also sowohl die Rechnung bezahlen als auch die Verpflichtung des Menschen einlösen (vgl. Anselm von Canterbury, Cur Deus homo? Warum ein Gottmensch?/Warum ist Gott Mensch geworden?). Das Haus, in dem dieser Router drin steht, ist die Kirche: In ihr wirkt Gott mit seinem Heiligen Geist. Natürlich ist auch ausserhalb des Gebäudes noch das Wireless-Signal vorhanden, aber deutlich schwächer und teilweise unterbrochen. Ohne Bildwort ausgedrückt: Gott wirkt natürlich auch ausserhalb der Kirche, aber er führt die Gläubigen in eine Kirche, damit wir einander helfen und gemeinsam leben. Das Zugangs-Passwort zum WLAN von Gott lautet: JESUS! Um dieses Passwort einzutippen, reicht ein einfaches Gebet: „Lieber Jesus. Ich habe bisher ohne dich gelebt, bitte komm in mein Leben und leite mich von jetzt an. Amen."

8.5 Schluss
Im christlichen Glauben geht es nicht in erster Linie um Moral, um unser Verhalten, sondern um eine persönliche und lebendige Beziehung zum dreieinigen Gott: Vater, Sohn und Heiliger Geist. Die Moral, die christliche Ethik, kommt erst durch diese Beziehung, sie ist jedoch NICHT VORAUSSETZUNG dafür. Kurz gefasst: Wir leben eine „Ethik der Dankbarkeit", weil wir Gott dankbar sind, dass er uns errettet hat.
Gott lebt in sich schon Gemeinschaft und Beziehung. Gott ist 1 Gott in 3 Personen. Beziehung zu leben ist für ihn nichts Neues. Was bedeutet die Dreieinigkeit für uns? Gott will auch mit jedem einzelnen Menschen eine Liebesbeziehung beginnen, die nie aufhört, auch nach dem Tod nicht!
„*Die Gnade des Herrn Jesus Christus und die Liebe Gottes und die Gemeinschaft des Heiligen Geistes sei mit euch allen!*" (2.Korintherbrief 13,13).
Dieser Vers besteht aus drei Teilen: Die „*Liebe Gottes*" bewirkt, dass Gott Vater seinen Sohn Jesus in diese Welt sandte. Wenn wir

dies glauben, erhalten wir die *„Gnade des Herrn Jesus Christus"*, also die Vergebung unserer Sünden. Und dadurch erhalten wir die *„Gemeinschaft des Heiligen Geistes"*, die Gemeinschaft zwischen Gott und Mensch stiftet.

Anmerkungen
A) Liberale betonen Gott den Schöpfer, Evangelikale/Pietisten das Erlösungswerk von Jesus am Kreuz und Pfingstler/Charismatiker die Kraft des Heiligen Geistes. Wichtig ist hier eine Ausgeglichenheit. Als Reformierte können wir dies tun!
B) Erst der Kirchenschriftsteller Tertullian hat im Jahr 200 n.Chr. den Begriff DREIEINIGKEIT/DREIFALTIGKEIT (lateinisch: trinitas) in seinem Buch „Adversus Praxean/Gegen Praxeas" geprägt. Doch der Sache nach ist die Dreieinigkeit fest in der Bibel selber verankert!
C) Die erste Frage des Heidelberger Katechismus' [= Zusammenfassung des reformierten Glaubens] lautet: „Was ist dein einiger Trost im Leben und im Sterben? Antwort: Dass ich mit Leib und Seele, beides, im Leben und im Sterben, nicht mein, sondern meines getreuen Heilands Jesu Christi eigen bin, der mit seinem teuren Blut für alle meine Sünden vollkömmlich bezahlt und mich aus aller Gewalt des Teufels erlöst hat und also bewahrt, dass ohne den Willen meines Vaters im Himmel kein Haar von meinem Haupt kann fallen, ja auch mir alles zu meiner Seligkeit dienen muss. Darum er mich auch durch seinen Heiligen Geist des ewigen Lebens versichert und ihm forthin zu leben von Herzen willig und bereit macht."

Fragen zum Nachdenken und Diskutieren
A) Welche göttliche Person der Dreieinigkeit kennst du am besten?
B) Mit welcher Person der Dreieinigkeit willst du dich in nächster Zeit näher beschäftigen? Warum?

9. Was ist das Wort Gottes?
„Alles Fleisch ist Gras, und all seine Anmut wie die Blume des Feldes. Das Gras ist verdorrt, die Blume ist verwelkt, denn der Hauch des HERRN hat sie angeweht. Fürwahr, das Volk ist Gras. Das Gras ist verdorrt, die Blume ist verwelkt. Aber das Wort unseres Gottes besteht in Ewigkeit" (Jesaja 40,6b-8).
Es gibt drei Gestalten des Wortes Gottes:

9.1 Jesus ist das Wort Gottes in erster Gestalt!
Von Jesus lesen wir zu Beginn des Johannesevangeliums: *„Im Anfang war das Wort. Und das Wort war bei Gott. Und das Wort war Gott. Und das Wort wurde Mensch und wohnte unter uns"* (Johannesevangelium 1,1+14). Was bedeutet dies: Jesus ist das Wort Gottes in erster Gestalt? Er redet autoritativ und gültig von Gott. Er kommt aus dem Mund Gottes hervor und verkündet Gottes Willen. Er geht vom Mund Gottes des Vaters aus. Jesus ist der Sohn Gottes, der jedoch nicht bei Gott Vater im Himmel bleibt, sondern zu uns auf die Erde kommt, um uns ganz nahe zu sein und uns zu erretten. Warum ist Jesus das Wort Gottes? Weil Gott Vater verstanden werden will.
A) Dieser Text ist eine Anspielung, denn er spielt an den ersten Vers der Bibel an: *„Im Anfang schuf Gott Himmel und Erde"* (1.Mose 1,1). Deswegen ist er ein Anknüpfungspunkt für Juden.
B) Dieser Text ist zugleich ein Anknüpfungspunkt für heidnische Griechen, also Nichtjuden, denn viele griechische Philosophen stellten sich die Frage: Was ist das Wort? Auf Griechisch: Was ist der Logos? Dieses Logos-Wort galt ihnen als erstes Grundprinzip. Wir heute würden umformulieren: Was ist ein Atom? Was ist das Periodensystem der chemischen Elemente? Auf dieses Suchen und Fragen der Griechen antwortet nun Gott mit: Jesus ist dieser Logos, den ihr sucht und nach dem forscht. Jesus spricht: *„Meine Worte sind Geist und sind Leben"* (Johannesevangelium 6,63). Dies ist ein

extrem kompakter Vers. Man kann ihn ausführen: Die „*Worte*" von Jesus sind Heiliger „*Geist*" und ewiges „*Leben*". Die Jünger haben dies erkannt. Die Frage stellt sich, ob wir dies für unser persönliches Leben anerkennen. Was heisst eigentlich EVANGELIUM? Die gute Nachricht oder frohe Botschaft: Weil Gott alle Menschen liebt, sandte er seinen Sohn Jesus, der für uns Mensch wurde und auf diese Welt kam. Er starb am Kreuz am Karfreitag im Jahr 30 n.Chr., um uns mit Gott zu versöhnen, indem er den Zorn Gottes über unsere Sünde trug. Und er stand am dritten Tage, an Ostern, von den Toten wieder auf und ermöglicht uns so ein neues Leben mit Gott. Durch seinen Heiligen Geist, den er allen schenkt, die an ihn glauben, vertieft er die Beziehung zu Gott Vater. Weil Jesus kein normaler Mensch war, sondern Gottes Sohn, spricht er: „*Der Himmel und die Erde werden vergehen, meine Worte aber sollen nicht vergehen*" (Matthäusevangelium 24,35). Die Worte von Jesus wurden aufgeschrieben und sind uns in der Bibel überliefert.

9.2 Die Bibel ist das Wort Gottes in zweiter Gestalt!

Das Neue Testament ist in Koiné-Griechisch geschrieben, was vor 2000 Jahren im Mittelmeerraum die Weltsprache war. Der Grund dafür war, dass möglichst viele Menschen die Botschaft der Bibel verstehen konnten. Heutzutage wäre das Evangelium wohl in Englisch verfasst. Wenn wir eine wichtige Botschaft haben, verfassen wir sie ja auch auf Englisch, damit sie von möglichst vielen Menschen verstanden werden kann, als Beispiel sei hier auf wissenschaftliche Artikel in Fachzeitschriften oder auf das Internet im Allgemeinen verwiesen. Wir haben nicht nur ein einziges Evangelium, sondern sogar vier Evangelien: Das Evangelium nach Matthäus, Markus, Lukas und Johannes. Warum? Was hat das zu bedeuten? Jesus ist der kostbarste Edelstein Gottes, ein Brillant mit

56 Facetten. Die vier Evangelien zeigen uns vier verschiedene Facetten von Jesus, weil sie verschiedene Standpunkte einnehmen:
A) Matthäus porträtiert Jesus als KÖNIG, der fünf grosse Reden führt. Darunter ist die erste wohl die bekannteste: Die sogenannte Bergpredigt (Matthäusevangelium 5-7) mit den höchsten ethischen Forderungen wie „*liebt eure Feinde!*" (Matthäusevangelium 5,44).
B) Markus beschreibt uns Jesus als demütigen KNECHT DES HERRN, der den Willen Gottes ausführt.
C) Lukas war Arzt und so legte er einen besonderen Blick auf die Heilungen, die Jesus wirkte und er stellt uns Jesus als ARZT vor, der gekommen ist: „*zu suchen und zu retten, was verloren ist*" (Lukasevangelium 19,10).
D) Johannes bildet den krönenden Abschluss: Er schildert uns Jesus als GOTT! Das Johannesevangelium ist das Evangelium der Extreme: Jesus weckt seinen Kollegen Lazarus von den Toten wieder auf, obwohl dieser vier Tage lang tot war (vgl. Johannesevangelium 11).
Alle vier Blickrichtungen haben ihre Berechtigung und ergänzen sich.
Ist die Bibel ein ganz normales Buch? Was ist das Besondere an der Bibel? Die Bibel ist „inspiriert", das heisst: von Gottes Geist „*eingehaucht*" (2.Timotheusbrief 3,16). Kritik an der Bibel ist Sünde! Warum? Weil der Mensch dann selber entscheiden will, was Gott gesagt hat und was nicht. Der erste, der die Bibel kritisierte, war die Schlange, also der Teufel, im Garten Eden: „*Hat Gott wirklich gesagt?*" (1.Mose 3,1). JA, HAT ER GESAGT! Weil wir die Bibel nicht kritisieren, heisst das nun natürlich nicht, dass wir keine Rückfragen stellen, um besser zu erfahren, was Gott gesagt hat. Gott erlaubt nicht nur exaktes Bibelstudium, er empfiehlt es sogar ausdrücklich jedem Gläubigen (beispielsweise in Psalm 1 und 119). Wir stellen uns jedoch UNTER das Wort Gottes und nicht DARÜBER. Sich über die Bibel zu stellen ist der

Fehler und das Grundproblem der theologischen Fakultäten der staatlichen Universitäten und der Grund, warum viele reformierte Kirchen heutzutage leer sind. Jeder und jede muss sich irgendwann im Leben die Frage stellen: Was ist eigentlich mein Referenzwert? Wonach richte ich mich? Nach der Vernunft, dem Gefühl oder dem Willen? Womöglich nach dem Lustprinzip? Gott ermutigt uns, sein Wort der Bibel als Richtschnur (= Kanon) und Massstab für unser Leben zu wählen. Es ist schwierig, einen absoluten und gültigen Massstab zu finden. Wir alle sind sterblich und vergänglich. Gott vergleicht uns Menschen mit dem Gras, das heute saftig grün ist und morgen verwelkt. Dagegen bleibt das Wort Gottes in Ewigkeit (vgl. Jesaja 40,6b-8). *„Dein Wort ist meines Fußes Leuchte und ein Licht auf meinem Wege"* (Psalm 119,105). Die Bibel ist Offenbarung Gottes. Offenbarung ist ein Fachbegriff der Theologie. Offenbarung heisst: Gott zeigt sich offen in der Bibel. Er legt dar, wie er ist. Der Inhalt der Bibel ist nicht ableitbar aus dem natürlichen Menschenverstand oder Ähnlichem. GOTT DER HEILIGE GEIST FÜHRT – MANCHMAL DURCH ÜBERNATÜRLICHE ERLEBNISSE (durch Visionen, Träume und Eindrücke) – ZUR BIBEL UND DIE BIBEL ENTHÄLT DEN HEILIGEN GEIST! Ist die Bibel überhaupt noch zeitgemäss? Ja, denn sie ist ewig gültig, weil Gott ewig ist, der sie in Auftrag gegeben hat. Wie kann man konkret die Bibel lesen? Es lohnt sich, mit einem Evangelium zu beginnen. Danach noch ein weiteres zu lesen und sich zu überlegen, wie sie sich ergänzen und wie jedes anders und doch gleich von Jesus spricht. Es hat sich bewährt, sich eine fixe Tageszeit einzuplanen für das Bibellesen. Dies nennt man oft „stille Zeit", doch Gott spricht dann in unser Leben hinein! Einigen geht es am Morgen am einfachsten, anderen während der Mittagspause oder am Abend. Nun noch ein nützlicher Praxistipp: Wenn man etwas in der Bibel nicht versteht, sollte man einfach weiterlesen. Die Frage wird sich wohl selber beantworten oder an

Intensität verlieren oder es ist eine der ganz grossen Fragen, die gar nicht beantwortet werden können. Natürlich gibt es auch schwierige Stellen in der Bibel. In solchen Fällen empfiehlt es sich, als hermeneutische Brille, das heisst: als Verstehenszugang, die Liebe zu wählen, wie sie im 1.Korintherbrief 13 geschildert wird. Gott hat die Bibel nicht nur für uns geschrieben für das Jahr 2013, sondern für alle Menschen in allen Zeiten. Deshalb gibt es auch Stellen, die uns vielleicht nicht sonderlich ansprechen. Doch einen Menschen in Afrika trifft sie mitten ins Herz! Auch, weil er in einer anderen Kultur lebt.

Die Eigenschaften von Gottes Wort sind vielfältig:

A) Es brennt wie Feuer: *„Ist mein Wort nicht brennend wie Feuer, spricht der HERR, und wie ein Hammer, der Felsen zerschmettert?"* (Jeremia 23,29). Es ist gewaltig.

B) *„Denn das Wort Gottes ist lebendig und wirksam und schärfer als jedes zweischneidige Schwert und durchdringend bis zur Scheidung von Seele und Geist, sowohl der Gelenke als auch des Markes, und ein Richter der Gedanken und Gesinnungen des Herzens"* (Hebräerbrief 4,12). Gott kritisiert uns durch die Bibel und weist uns darauf hin, wenn unser Leben vor ihm nicht in Ordnung ist. Gott zeigt uns durch die Bibel wunde Punkte und hilft uns auch, sie zu beheben.

C) Es führt das aus, was Gott will: *„…so wird mein Wort sein, das aus meinem Mund hervorgeht. Es wird nicht leer zu mir zurückkehren, sondern es wird bewirken, was mir gefällt, und ausführen, wozu ich es gesandt habe"* (Jesaja 55,11).

D) Es bewirkt bei Menschen Bekehrung und Wiedergeburt: *„Denn ihr seid wiedergeboren nicht aus vergänglichem Samen, sondern aus unvergänglichem, durch das lebendige und bleibende Wort Gottes"* (1.Petrusbrief 1,13). Es verändert Menschen für immer, macht sie sogar zu einer neuen Kreatur, einer neuen Schöpfung, einem neuen Lebewesen (vgl. 2.Korintherbrief 5,17).

E) *„Alle Schrift ist von Gott eingegeben und nützlich zur Lehre, zur Überführung, zur Zurechtweisung, zur Unterweisung in der Gerechtigkeit, damit der Mensch Gottes richtig sei, für jedes gute Werk ausgerüstet"* (2.Timotheusbrief 3,16-17). Die Bibel nützt auch im Alltag.

F) Das Wort Gottes provoziert, es löst Widerstand aus: Im letzten Buch der Bibel, in der Offenbarung, sehen wir, wie Christen um des Wortes Gottes willen Verfolgung erleiden (vgl. Offenbarung 6,9 und 20,4).

G) Wie unser Körper Nahrung braucht, so braucht auch unsere Seele Nahrung: Die Bibel ist die Nahrung für unsere Seele: *„Der Mensch lebt nicht vom Brot allein, sondern von einem jeden Wort, das aus dem Mund Gottes geht"* (5.Mose 8,3; auch von Jesus zitiert in Matthäusevangelium 4,4).

Die Bibel kann mit einer Schatzkarte verglichen werden, die zum wertvollsten Schatz JESUS führt, zu diesem Brillanten mit 56 Facetten. Niemand von uns würde eine Schatzkarte kritisieren oder abändern, weil man sonst den Schatz nicht mehr findet! Es geht um den Schatz Jesus, der hinter dem Bibeltext steht, aber durch den Bibeltext zu uns spricht.

9.3 Die Predigt ist das Wort Gottes in dritter Gestalt!

Die Predigt ist auch Wort Gottes, nämlich in dritter Gestalt. Warum? Jesus spricht: *„Wer euch hört, hört mich; und wer euch verwirft, verwirft mich; wer aber mich verwirft, verwirft den, der mich gesandt hat"* (Lukasevangelium 10,16). Paulus dankt den Christen in Thessalonich: *„Und darum danken auch wir Gott unablässig, dass, als ihr von uns das Wort der Kunde von Gott empfingt, ihr es nicht als Menschenwort aufnahmt, sondern, wie es wahrhaftig ist, als Gottes Wort, das in euch, den Glaubenden, auch wirkt"* (1.Thessalonicherbrief 2,13). Der Mensch Paulus hat in Thessalonich gepredigt, doch Gott hat durch ihn gesprochen!

Paulus konnte dies darum so zusammenfassen: *„Also ist der Glaube aus der Verkündigung, die Verkündigung aber durch das Wort Christi"* (Römerbrief 10,17). Daraus konnte der Reformator Heinrich Bullinger schliessen: „Die Predigt des Wortes Gottes ist Gottes Wort" (Heinrich Bullinger, Zweites Helvetisches Bekenntnis, Randnotiz zum Kapitel I; lateinisch: praedicatio verbi Dei est verbum Dei). Karl Barth erkannte: „Das Wort [Gottes] verkündigt sich selbst. Die Verkündigung ist Gottes eigene Tat. Der Mensch ist nur DABEI" (Komm Schöpfer Geist: Predigten von Karl Barth und Eduard Thurneysen, S. 208, Hervorhebung im Original). Gott ist aktiv, der Mensch ist passiv dabei. Man könnte sagen: Die Predigt ist das Gefäss für die Bibel. Christliche Prediger versuchen, die Botschaft der Bibel, dass Jesus der Retter der Welt ist, immer wieder in neue Worte zu fassen, damit die gegenwärtigen und zeitgenössischen Mitmenschen sie verstehen und Jesus als ihren persönlichen Herrn und Heiland in ihr Herz und Leben annehmen. Gott redet durch die Predigt. Dies ist ein grosses Geheimnis. Dies hat nichts mit mir als Person oder einer besonderen Stellung vor Gott oder einem bestimmten Titel zu tun, sondern mit Gottes Heiligkeit und seinem Erbarmen und vor allem seiner Liebe. Gott ist der sprechender Gott, der „Gott der Kommunikation" (Zitat von Martin Hohl, meinem Predigtlehrer). Gott will durch Menschen sprechen. Die Predigt ist das Wort Gottes, das heute in unsere aktuelle Situation hinein spricht. Als Praxistipp und konkrete Anwendung hilft: Falls man einmal in die Ferien fährt oder sonst verhindert ist, um einen Gottesdienst zu besuchen, empfiehlt es sich, im Internet Predigten herunterzuladen und danach zu hören. Empfehlenswert sind www.youtube.com und www.sermon-online.com. Darauf sind viele tausend Predigten von bekannten und weniger bekannten Verkündigern des Evangeliums in schriftlicher Fassung und als Tonaufnahme verfügbar. Eine weitere Möglichkeit besteht darin, eine schriftliche Predigt zu lesen. Dann kann man die Predigt zu Hause nachlesen und noch genauer studieren. Allerdings können weder Onlinepredigten noch geschriebene Predigten den Sonntagsgottesdienst ersetzen, denn die Gemeinschaft mit anderen Christen ist entscheidend für unsere geistliche Gesundheit. Gott erzieht uns nicht zu geistlichen Einzelkämpfern, sondern pflanzt uns in eine verbindliche Gemeinschaft hinein, nämlich der örtlichen Kirche. Ein bekannter amerikanischer Pfarrer spitzt dies folgendermassen zu: „Die örtliche Kirche ist die Hoffnung der Welt" (Bill Hybels). Natürlich ist Jesus „die Hoffnung der Welt", aber er wirkt durch die örtliche Kirche. Weder ein Hauskreis noch eine Jugendgruppe oder ein Seniorenanlass kann den gemeinsamen Sonntagsgottesdienst ersetzen, wo Jung und Alt zusammenkommt. Früher sagte man: „Komm, wir gehen unter das Wort!", wenn man beabsichtigte, in einen Gottesdienst zu gehen. Im Gottesdienst geschieht Gemeinschaft mit Jesus unter seinem Wort.

Zusammenfassung
Jesus, das Wort Gottes erster Gestalt, wirkt durch die Bibel, dem Wort Gottes zweiter Gestalt, in der Predigt, dem Wort Gottes dritter Gestalt. Kürzer gefasst: Jesus redet durch die Bibel in der Predigt zu uns heute!

Fragen zum Nachdenken und Diskutieren
A) Gott spricht in Jesus durch den Heiligen Geist zu uns. Wann hast du das letzte Mal Gottes übernatürliches Reden vernommen? Durch einen Bibelvers? Durch dein Gewissen?
B) Wichtig ist es, nicht nur die Bibelstellen zu lesen, die man schon kennt, sondern die Bibel fortlaufend lesen. So verhindert man theologische Einseitigkeiten. Welches biblische Buch kennst du am wenigsten? Beginne es zu lesen! Gott fordert dich heraus!
C) Welche Prediger hörst du am liebsten? Abwechslung erfreut!

10. Der Herr ist mein Hirte!

„*Ein Psalm Davids. Der HERR ist mein Hirte, mir wird nichts mangeln. Er weidet mich auf einer grünen Aue und führet mich zum frischen Wasser. Er erquicket meine Seele. Er führet mich auf rechter Strasse um seines Namens willen. Und ob ich schon wanderte im finstern Tal, fürchte ich kein Unglück; denn du bist bei mir, dein Stecken und Stab trösten mich. Du bereitest vor mir einen Tisch im Angesicht meiner Feinde. Du salbest mein Haupt mit Öl und schenkest mir voll ein. Gutes und Barmherzigkeit werden mir folgen mein Leben lang, und ich werde bleiben im Hause des HERRN immerdar*" (Psalm 23 in der Lutherübersetzung).

10.1 Erster Teil: Hirtenidylle

Der Psalm beginnt mit: „*Der HERR ist mein Hirte, mir wird nichts mangeln.*" Auf den ersten Blick stösst uns dies ab. Geht's eigentlich noch! Ich bin doch kein dummes Schaf! Ich kann selber entscheiden! Heutzutage könnten wir sagen: Gott ist der Bräutigam an einer Hochzeit. Er leitet durch das ganze Programm und er hat die Kontrolle über den Tagesablauf. Gott ist wie ein Vorgesetzter, der uns liebevoll an der Hand nimmt. Gott führt und leitet uns wie ein Hirte seine Schäfchen. Wenn wir dies zulassen, wird uns nichts fehlen. „*Er weidet mich auf einer grünen Aue und führet mich zum frischen Wasser. Er erquicket meine Seele.*" Dies nenne ich „die Hirtenidylle." Schöpfung, die schöne Natur. Saftige, grüne Landschaften. Ein Hotel mit gewaltigem Garten, in dem man eine Hochzeit feiert. „*Er führt mich auf rechter Strasse um seines Namens willen.*" Wichtig: Um seines Namens willen. Fünfmal steht im Alten Testament, im Propheten Hesekiel, dass Gott handelt „*um meines Namens willen*" (Hesekiel 20,9; 20,14; 20,22; 20,44; 36,22), also damit sein heiliger Name geehrt wird. Vielleicht ist dies für uns heute ein schwieriger und ungewöhnlicher Gedanke, warum

Gott *„um seines Namens willen handelt."* Doch im Zentrum der Bibel steht eben nicht der Mensch, sondern der Gott, der dich liebt! Und plötzlich geschieht eine drastische Wendung: *„Und ob ich schon wanderte im finstern Tal."* Vorbei ist es mit der Hirtenidylle, mit den schönen Landschaften! Das *„finstere Tal"* bedeutet wortwörtlich das Tal des Todesschattens oder das Tal der Finsternis. Gemeint sind wohl die schwersten Anfechtungen, Krankheit, die Todesangst oder der Todeskampf. Oder Liebeskummer. Oder das teure Auto geht kaputt. Probleme in einer Beziehung oder am Arbeitsplatz. Quälende Sorgen. Unsicherheit. Fragen, die einen beschäftigen. In dieser äussersten und extremsten Not, heisst es weiter: *„Fürchte ich kein Unglück!"* Warum? „DENN DU BIST BEI MIR!" Genau in der Mitte des Psalms steht: *„Denn du,* [Gott,] *bist bei mir."* In den schwersten Zeiten müssen wir keine Angst haben, weil Gott selber bei uns ist. Wie kann er das tun? Diese kritische Frage ist berechtigt: Kann Gott überhaupt fühlen, wie es mir geht? Ist er nicht mit anderen Sachen beschäftigt? Jesus selber durchlitt im Garten Gethsemane und am Kreuz Todesängste. Deshalb kann sich Gott auch in uns hineinversetzen, weil er selber gelitten hat! Ein Geheimnis: Gott lässt das Leid zu, obwohl er es verhindern könnte. Er ist aber bei uns im Leid! Oft beinhalten die Zeiten des Leids die intensivsten Momente mit Gott. Dies erkennen wir, wenn wir auf unser Leben zurückschauen, leider oft erst im Nachhinein. Das Problem ist, dass wir kein Sensorium, also keinen Sinn, haben wie Gehörsinn, Sehsinn oder Tastsinn, ob Gott, unser Schöpfer, bei uns anwesend ist oder nicht. Nur weil wir uns von Gott verlassen fühlen, heisst das noch lange nicht, dass wir es auch tatsächlich sind. Deshalb ist es auch unerlässlich, den Glauben nicht auf unser Gefühl zu gründen, sondern auf die Bibel mit ihren Versprechen, die Gott uns gibt! Dass er uns liebt und auch in der Not bei uns ist. Gegen Schleiermacher, der um den Glauben einen Schleier machte!

Wie können wir das konkret im Alltag umsetzen? Es hilft, immer eine Gideonbibel im Hosensack dabei zu haben. Dadurch man kann immer einen Psalm lesen. Praxisberichte: Einmal war ich sehr traurig wegen einer zerflossenen Beziehung. Ich zückte diese kleine Bibel und las: *„Ich werde nicht sterben, sondern leben und des HERRN Werke verkündigen"* (Psalm 118,17). Für mich bedeutete dies in meiner Situation: ich werde nicht besiegt werden, sondern weiterhin auf meinem Weg bleiben. Ein anderes Mal hatte ich Probleme mit der Universität Zürich und um Mitternacht sprach Gott zu mir durch einen Rachepsalm: *„Sie sollen zergehen wie Wasser, das verrinnt"* (Psalm 58,8) und *„Es gibt doch Lohn für den Gerechten; es gibt doch einen Gott, der auf Erden richtet"* (Psalm 58,12), so dass ich laut lachen musste und befürchtete, ich würde meine Familie aufwecken. Als moderne Variante kann auch das kostenlose BibleApp dienen.

„Dein Stecken und Stab trösten mich." Ein Hirte braucht Stecken und Stab, um seinen Schafen wieder aufzuhelfen, wenn sie gestürzt sind. Sie können nämlich nicht selber aufstehen. Ebenso benützt Gott die Bibel, um uns wieder aufzurichten.

10.2 Zweiter Teil: Festmahl

Plötzlich wechselt die Kulisse: *„Du bereitest vor mir einen Tisch im Angesicht meiner Feinde."* Nun sind wir an einer Hochzeit mit Festmahl, an einem feierlichen Bankett, an einem hochzeitlichen 9-Gänge-Menü. Gott selber lädt uns ein, an seinem grossen Tisch zu essen und zu trinken. *„Du salbest mein Haupt mit Öl."* Dies war eine Geste, die der Gastgeber den Gästen tat: Öl auf den Kopf giessen. Wir würden heute sagen: Gott bietet uns einen Wellnessaufenthalt an. Es ist also eine Hochzeit mit Übernachtung in einem Fünfsternehotel.

„Du schenkst mir voll ein" Gott ist überaus grosszügig an seinem Fest! Der Kelch ist so voll, dass er sogar überläuft. Hier steigt eine

richtig fette Party! Das Spezielle ist: *„Im Angesicht meiner Feinde."* Warum werden hier Feinde erwähnt? Es gibt ein Sprichwort: „Wer sich einsetzt, setzt sich aus!" (Friedrich Schorlemmer, deutscher evangelischer Theologe und Politiker der SPD, *1944). Wenn wir uns für Gott einsetzen, setzen wir uns Kritik und seinen Gegnern aus. Trotzdem dürfen wir uns nicht unterkriegen lassen: Gott ist stärker und er versorgt uns jeden Tag mit dem, was wir brauchen.
„Gutes und Barmherzigkeit werden mir folgen mein Leben lang." Jetzt vertrauen wir Gott, dass er uns unser ganzes Leben lang richtig führen wird. Er hat einen guten Plan für unser Leben. Gott wird uns im Leben weiterbringen. *„Und ich werde bleiben im Hause des HERRN immerdar."* Der Psalm hört auf mit dem Wunsch, immer im Tempel in Jerusalem, im damaligen Hause Gottes, zu bleiben. Im Tempel war Gott anwesend. Wegen Jesus brauchen wir jetzt keinen Tempel mehr (vgl. Johannesevangelium 4,21-23). Gott ist überall anwesend, wo Leute sich wegen Jesus zusammenfinden. Jesus spricht: *„Denn wo zwei oder drei versammelt sind in meinem Namen, da bin ich in ihrer Mitte"* (Matthäusevangelium 18,20). Für uns heute bedeutet das, dass es sehr wichtig ist, regelmässig Gemeinschaft zu haben mit anderen Christen und sich gegenseitig im Glauben zu ermutigen und füreinander und miteinander zu beten. Konkret kann dies im Sonntagmorgengottesdienst sein, oder auch in einem Hauskreis oder in einem sonstigen Anlass der Kirche. So geschieht Gemeinschaft mit Menschen und Gott.

10.3 Jesus ist der gute Hirte!

Wie sind die beiden Teile, die Hirtenidylle und das Festmahl, überhaupt miteinander verbunden? Der *„HERR"* kommt am Anfang und am Schluss des Psalms vor und bildet eine Klammer: *„Der HERR ist mein Hirte"* und *„Ich werde bleiben im Hause des*

HERRN immerdar." Nun können wir uns fragen: Wer ist denn dieser „*HERR*"? Jesus spricht: „*Ich bin der gute Hirte*" (Johannesevangelium 10,11a). Jesus ist es! Die älteste Darstellung von Jesus in einer Katakombe in Rom etwa 250 n.Chr. zeigt Jesus als Hirten, der ein Schaf auf seinen Schultern trägt! Was heisst das, wenn Jesus sagt, er sei der gute Hirte? Jesus identifiziert sich mit Gott, er stellt sich Gott gleich. Jetzt können wir nachfragen: Warum ist genau Jesus der gute Hirte? Er erklärt es gleich selbst: „*Der gute Hirte lässt sein Leben für die Schafe*" (Johannesevangelium 10,11b). Jesus hat nicht nur schöne Worte gesprochen und lange Reden geschwungen, sondern auch gehandelt. Die Tat entscheidet! Jesus hat „*sein Leben gegeben als Lösegeld für viele*" (Markusevangelium 10,45). Was heisst das konkret? Am Karfreitag im Jahr 30 n.Chr. liess sich Jesus kreuzigen auf dem Hügel Golgatha vor Jerusalem. Das war aber kein Zufall. Jesus erklärt: „*Ich lasse mein Leben, um es wiederzunehmen. Niemand nimmt es von mir, sondern ich lasse es von mir selbst. Ich habe Vollmacht, es zu lassen, und habe Vollmacht, es wiederzunehmen*" (Johannesevangelium 10,17-18). Jesus nahm unsere Sünde auf sich, um uns mit Gott zu versöhnen, das heisst Frieden zu stiften zwischen Gott und Menschen. Er ist an Ostern auferstanden! Er lebt! Was bedeutet das alles für uns? Das EVANGELIUM, die frohe Botschaft und gute Nachricht! In Jesus können wir einen Neuanfang mit Gott bekommen. Wir können eine lebendige Beziehung mit ihm führen. Wenn wir Jesus im Gebet unsere Sünden bekennen, ihn um Verzeihung bitten und ihn bitten, in unser Leben zu kommen, dann werden wir seine Nachfolger (vgl. 1.Johannesbrief 1,9 und Johannesevangelium 1,12).

Jesus spricht: „*Ich bin gekommen, damit sie* [= meine Nachfolger] *Leben haben und es in Überfluss haben*" (Johannesevangelium 10,10). Jesus ist kein Spassverderber oder Spielverderber, sondern er lädt uns an diese gewaltige Hochzeit mit Wellnessprogramm für

Körper und Seele ein! Zudem steht er uns immer treu bei unseren Problemen und im Leid bei, egal, ob es durch Menschen (die Feinde, die gegen uns toben) oder Umstände (das finstere Tal) ausgelöst wird. Jesus ist der Gott, der uns im konkreten Alltag weiterhilft!
Jesus spricht: *„Ich bin der gute Hirte. Der gute Hirte lässt sein Leben für die Schafe."* Wir dürfen Jesus ganz vertrauen und ihm antworten: *„Der HERR ist mein Hirte, mir wird nichts mangeln!"*

Anmerkung
Martin Luther erklärt: „Und er [= Gott] hat auch eben darum diesen und andere Psalmen geschrieben, dass wir gewiss dafür halten sollen, dass in rechten Anfechtungen nirgends Rat und Trost zu finden sei, allein das sei die güldene Kunst, sich an Gottes Wort und Zusage halten, nach derselbigen und nicht nach des Herzens Fühlen urteilen; so soll gewiss Hilfe und Trost folgen und gar an nichts mangeln" (Der 23.Psalm, S. 40). „So wenig man ausserhalb Gottes Wort zu Gottes und der Wahrheit Erkenntnis und zum rechten Glauben kommen kann, so wenig ist Trost und Friede des Gewissens ausser demselbigen zu finden. Die Welt hat auch ihren Trost und Freude. Sie währet aber nur einen Augenblick; wenn Angst und Not und sonderlich das letzte Stündlein kommt, gehts wie Salomon sagt (Sprüche 14,13): ‚Nach dem Lachen kommt Trauern und nach der Freud kommt Leid.' Die aber von diesem frischen und lebendigen Wasser trinken, die leiden wohl in der Welt Trübsal und Ungemach, doch wird's ihnen am rechten Trost nimmermehr fehlen" (S. 50-51).

Fragen zum Nachdenken und Diskutieren
A) In welchen Ereignissen erkennst du Gottes Führung in deinem Leben?
B) Wann ist dir Gott das letzte Mal in finstern Tal begegnet?

11. Jesus begegnet dir!

„Und siehe, zwei von ihnen gingen an diesem Tag nach einem Dorf mit Namen Emmaus, sechzig Stadien von Jerusalem entfernt. Und sie unterhielten sich miteinander über dies alles, was sich zugetragen hatte. Und es geschah, während sie sich unterhielten und miteinander überlegten, dass sich Jesus selbst nahte und mit ihnen ging; aber ihre Augen wurden gehalten, so dass sie ihn nicht erkannten. Er sprach aber zu ihnen: Was sind das für Reden, die ihr im Gehen miteinander wechselt? Und sie blieben niedergeschlagen stehen. Einer aber, mit Namen Kleopas, antwortete und sprach zu ihm: Bist du der Einzige, der in Jerusalem weilt und nicht weiß, was dort geschehen ist in diesen Tagen? Und er sprach zu ihnen: Was denn? Sie aber sprachen zu ihm: Das von Jesus, dem Nazarener, der ein Prophet war, mächtig im Werk und Wort vor Gott und dem ganzen Volk; und wie ihn die Hohenpriester und unsere Obersten zum Todesurteil überlieferten und ihn kreuzigten. Wir aber hofften, dass er der sei, der Israel erlösen solle. Doch auch bei alledem ist es heute der dritte Tag, seitdem dies geschehen ist. Aber auch einige Frauen von uns haben uns aus der Fassung gebracht, die am frühen Morgen bei der Gruft gewesen sind und, als sie seinen Leib nicht fanden, kamen und sagten, dass sie auch eine Erscheinung von Engeln gesehen hätten, die sagen, dass er lebe. Und einige von denen, die mit uns sind, gingen zu der Gruft und fanden es so, wie auch die Frauen gesagt hatten; ihn aber sahen sie nicht. Und er sprach zu ihnen: Ihr Unverständigen und im Herzen zu träge, an alles zu glauben, was die Propheten geredet haben! Musste nicht der Christus dies leiden und in seine Herrlichkeit hineingehen? Und von Mose und von allen Propheten anfangend, erklärte er ihnen in allen Schriften das, was ihn betraf. Und sie näherten sich dem Dorf, wohin sie gingen; und er stellte sich, als wollte er weitergehen. Und sie nötigten ihn und sagten: Bleibe bei uns! Denn es ist gegen Abend, und der Tag

hat sich schon geneigt. Und er ging hinein, um bei ihnen zu bleiben. Und es geschah, als er mit ihnen zu Tisch lag, nahm er das Brot und segnete es, und als er es gebrochen hatte, reichte er es ihnen. Ihre Augen aber wurden aufgetan, und sie erkannten ihn; und er wurde vor ihnen unsichtbar. Und sie sprachen zueinander: Brannte nicht unser Herz in uns, wie er auf dem Weg zu uns redete und wie er uns die Schriften öffnete? Und sie standen zur gleichen Stunde auf und kehrten nach Jerusalem zurück. Und sie fanden die Elf und die, die mit ihnen waren, versammelt, die sagten: Der Herr ist wirklich auferweckt worden und dem Simon erschienen. Und sie erzählten, was auf dem Weg geschehen war und wie er von ihnen erkannt worden war am Brechen des Brotes" (Lukasevangelium 24,13-35).

Am Ostertag 30 n.Chr. spazieren zwei Jünger von Jesus, Kleopas und sein Kollege, die 11,1 Kilometer lange Strecke von Jerusalem nach Emmaus. Diese Strecke entspricht etwa der Distanz von Egerkingen nach Oftringen (11,5 km) oder von Fulenbach nach Olten (11,9 km). Sie waren etwa zwei oder drei Stunden unterwegs und diskutierten miteinander, was sie in den letzten drei Tagen erlebt hatten. Plötzlich kommt eine dritte Person dazu, nämlich Jesus, aber sie erkannten ihn nicht. Jesus fragte sie: worüber redet ihr? Sie waren sehr niedergeschlagen und traurig. Sie sprachen zu Jesus: *„Bist du der Einzige, der in Jerusalem weilt und nicht weiß, was dort geschehen ist in diesen Tagen?"* Jesus fragte zurück: „Was ist dann passiert?" Sie antworteten: „Die Ereignisse um Jesus von Nazareth, *der ein Prophet war."* Hier sehen wir, dass die Jünger dachten, Jesus sei ein Prophet. Ein Prophet ist einer, der autoritativ und gültig von Gott her redet und die Botschaft von Gott weitergibt. *„Wir aber hofften, dass er der sei, der Israel erlösen solle"* (Lukasevangelium 24,21a). Weiter dachten diese zwei Jünger, dass Jesus ein politischer Anführer sei, also ein politischer Messias. Zur Zeit von Jesus haben die Römer Judäa unterdrückt.

Die Juden hofften, dass ein Held sie von den Römern befreit. Hier sehen wir, dass auch die Jünger so dachten. *„Und wie ihn die Hohenpriester und unsere Obersten zum Todesurteil überlieferten und ihn kreuzigten"* (Lukasevangelium 24,20). Warum wurde Jesus von den Hohenpriestern und Obersten gekreuzigt? Nicht, weil er sagte, dass er ein Prophet oder politischer Messias sei, sondern weil er sagte, dass er Gottes Sohn ist (vgl. Johannesevangelium 5,18) und die Juden dies als Gotteslästerung ansahen. Jetzt stellt sich für uns die entscheidende Frage: Welche Vorstellungen haben wir von Jesus? Ist er nur ein Prophet? Ist er nur ein Weisheitslehrer oder ein guter Mensch? Doch Jesus ist viel mehr. Er ist der der Sohn Gottes, ganz Gott und ganz Mensch, der Gott im Fleisch. Die Person Jesus Christus steht im Zentrum des christlichen Glaubens. Das EVANGELIUM ist die frohe Botschaft und gute Nachricht und kann so zusammengefasst werden: Die Liebe Gottes ist unendlich, unermesslich und unergründlich. *„Gott ist Liebe. Gottes Liebe zu uns zeigt sich darin, dass er seinen einzigen Sohn [Jesus] in die Welt sandte, damit wir durch ihn das ewige Leben haben"* (1.Johannesbrief 4,8b-9). Diese Liebe zeigt uns Gott ganz konkret in seinem Sohn Jesus Christus, der am Kreuz wegen unserer Sünde starb und wieder auferstand von den Toten, damit wir ein Leben mit Gott erhalten können. Er bietet uns heute die Möglichkeit an, mit ihm eine Beziehung zu beginnen oder zu vertiefen.

„Aber auch einige Frauen von uns haben uns aus der Fassung gebracht, die am frühen Morgen bei der Gruft gewesen sind und, als sie seinen Leib nicht fanden, kamen und sagten, dass sie auch eine Erscheinung von Engeln gesehen hätten, die sagen, dass er lebe. Und einige von denen, die mit uns sind, gingen zu der Gruft und fanden es so, wie auch die Frauen gesagt hatten; ihn aber sahen sie nicht" (Lukasevangelium 24,22-24). Spannend: Drei Frauen waren die ersten, die beim Grab von Jesus waren, nämlich *„Maria von Magdala und Maria, die Mutter des Jakobus, und*

Salome" (Markusevangelium 16,1). Die Frauen wussten zuerst, dass Jesus von den Toten auferstanden ist. Dies ist eine Würdigung der Frau. Sowieso war Jesus bedacht um die Rechte der Frauen. Damals war die Aussage einer Frau vor Gericht nur halb so viel wert wie die eines Mannes. Jesus hatte Kolleginnen, wie Maria Magdalena. Viele reiche Witwen unterstützten Jesus und seine Jünger finanziell. Sie mussten ja auch essen, trinken und vielleicht etwas für die Übernachtung bezahlen. Das EVANGELIUM, die frohe Botschaft und gute Nachricht, hat auch Auswirkungen auf die Beziehung von Mann und Frau: *„Denn ihr alle, die ihr auf Christus getauft worden seid, ihr habt Christus angezogen. Da ist nicht Jude noch Grieche, da ist nicht Sklave noch Freier, da ist nicht Mann und Frau; denn ihr alle seid einer in Christus Jesus"* (Galaterbrief 3,27-28). Mann und Frau sind vor Gott gleichwertig. Sie haben den gleichen Wert. Sie sind aber nicht gleichartig. Sie sind biologisch und von ihrem Wesen und Charakter her unterschiedlich. Dies ist sehr gut so! Die Gleichwertigkeit der beiden Geschlechter heisst nicht, dass es keine Schöpfungsordnungen mehr gibt. Die Bibel vertritt keine Gleichmacherei, wie sie von den so genannten Genderideolog(inn)en vertreten wird.

„Und er sprach zu ihnen: Ihr Unverständigen und im Herzen zu träge, an alles zu glauben, was die Propheten geredet haben! Musste nicht der Christus dies leiden und in seine Herrlichkeit hineingehen? Und von Mose und von allen Propheten anfangend, erklärte er ihnen in allen Schriften das, was ihn betraf" (Lukasevangelium 24,25-27). Jesus motzt seine zwei Jünger an: Warum glaubt ihr der Botschaft des Alten Testaments nicht? Die Propheten sahen voraus, dass der Christus leiden musste. Jesus erklärte den zwei Jüngern alles, was im Alten Testament über ihn vorausgesagt ist.

Jesus tat so, als ob er weitergehen will. Doch die Jünger baten ihn: *„Und sie nötigten ihn und sagten: Bleibe bei uns! Denn es ist gegen*

Abend, und der Tag hat sich schon geneigt. Und er ging hinein, um bei ihnen zu bleiben" (Lukasevangelium 24,29). Wie die Jünger Jesus baten, bei ihnen zu bleiben, dürfen und sollen auch wir beten, dass Jesus bei uns bleibt. Dies ist auch die Motivation, warum wir zusammen regelmässig Gottesdienst feiern.

Die Jünger und Jesus kamen in das Dorf Emmaus und nahmen dort gemeinsam das Abendessen ein. Die zwei Jünger erkannten Jesus daran, wie er das Abendmahl feierte, indem er Gott für das Brot dankte, es segnete und es brach. In dem Moment, als sie erkannten, dass sie mit Jesus geredet hatten, wurde er *„unsichtbar."* Sie sprachen zu sich: Als Jesus mit uns sprach, geschah in unserem Inneren etwas: *„unser Herz brannte"*, das heisst wir bekamen neue Kraft, neue Leidenschaft, die Trauer verflog, unerschütterliche Hoffnung keimte auf. So ist es auch mit uns, wenn wir erkennen, dass Jesus für uns starb und auferstand. Der Heilige Geist wird unseren Charakter verändern, und uns *„Liebe, Freude und Frieden"* (Galaterbrief 5,22a) schenken.

Danach kehrten die zwei Jünger nach Jerusalem zurück, also nochmals 11 Kilometer Fussweg. Die elf Jünger (sie waren nicht mehr die zwölf Jünger, weil der Verräter Judas nicht mehr dabei war) und einige Frauen warteten in Jerusalem. Ein Geheimnis des Glaubens: Jesus wirkt oft auch unbekannt und im Verborgenen Martin Luther nannte diesen Umstand in Anlehnung an Jesaja 45,15 „Deus absconditus", der verborgene Gott.

Jesus hätte nach seinem Tod und seiner Auferstehung allen Menschen öffentlich erscheinen können, was er auch nachher gemacht hat. Doch hier begegnet er den zwei Jüngern auf dem Weg nach Emmaus sehr vorsichtig. Warum? Wahrscheinlich, um die Menschen nicht zu erschrecken. Wir haben Angst vor dem Übernatürlichen. Trotzdem fasziniert es uns irgendwie. Gott wirkt oft durch andere Menschen. Unter anderem in der Predigt (vgl. Römerbrief 10,17) und im Gespräch mit Mitmenschen. Die

Schwelle ist dann geringer. Von Mensch zu Mensch von Gott zu reden ist annehmbarer als wenn Gott direkt zu Menschen spricht. Das direkte Reden Gottes kann Menschen auch erdrücken: Einige sind mehrere Tage benommen (vgl. Daniel 8,27), wenn sie Gottes hörbare Stimme vernehmen, denn sie tönt wie ein gewaltiger Wasserfall. Oder wenn Gott sichtbar erscheint (Theophanie). Auch Träume und Visionen sind sehr eindrücklich. Ich fand ein treffendes Zitat: „Herr Jesus Christus, es wäre schön, wenn du dich mit all deiner Macht der Welt zeigen würdest als Herrscher über alles, was ist. Stattdessen willst du unsere ungeteilte Aufmerksamkeit, damit wir wahrnehmen, wo du zu uns sprichst, damit wir hören, was du von uns möchtest" (Begleittext zum 14.06.2013 der Herrnhuter Losungen).

Wir können wir uns auf Jesus ausrichten? Durch Bibellesen und Gebet. Die Kinder der vierten Klasse in Fulenbach haben vorhin eine Bibel als Geschenk erhalten. Warum? Weil die Bibel das Wort Gottes ist, das schwarz auf weiss vorliegt. Der Heilige Geist führt zur Bibel, weil die Bibel vom Heiligen Geist gehaucht ist. Kürzlich habe ich etwas erfahren, was mich unglaublich gefreut hat: In den letzten 20 Jahren fanden jährlich sechs Millionen Moslems in Afrika zum lebendigen Glauben an Jesus Christus. In muslimischen Ländern, in denen der Besitz einer Bibel verboten ist, redet Jesus oft durch Träume, Visionen oder Theophanien (sichtbare Erscheinung Gottes) zu Moslems. Jesus begegnet ihnen, indem er als drei Meter grosser Jesus in ihrem Zimmer steht und sie mit feurigen Augen der Liebe ansieht. Dann erkennen sie, dass Gott sie liebt. Jesus spricht jeweils zu ihnen: „Lies das Indschil!" (Indschil ist das arabische Wort für Evangelium). Dann haben diese Moslems eine Motivation, um sich eine Bibel zu organisieren und dadurch können sie Jesus persönlich kennenlernen. Der Heilige Geist führt zur Bibel, zum geschriebenen Wort Gottes, weil er sie veranlasst hat, man könnte sagen: in Auftrag gegeben und diktiert hat. Privatoffenbarungen werden an der Bibel gemessen, sie ist der 100%-Wert. Durch die Bibel redet Gott mit uns und im Gebet reden wir mit ihm. Ein Gebetstagebuch kann dabei helfen. Es motiviert, regelmässig zu beten. In einem Psalm steht: „*Lobe den HERRN, meine Seele, und vergiss nicht, was er dir Gutes getan hat*" (Psalm 103,2). So schnell geschieht es, dass wir vergessen, wie viel Gutes uns Gott schon getan hat. Wenn wir dies alles aufschreiben, dann blicken wir zurück und erkennen, wie oft Gott schon in unser Leben eingegriffen hat. So können wir Gott auch in schwierigen Situationen vertrauen, dass er wieder in der Zukunft eingreifen wird.

Die Kirchenglocken bieten uns eine gute Hilfe, regelmässig mit Gott in Kontakt zu bleiben: Immer, wenn wir den Klang vernehmen, laden sie uns ein, ein kurzes (Stoss-)Gebet zu sprechen. So bleiben unsere Gedanken auch in einem stressigen Alltag jede Viertelstunde auf Jesus gerichtet.

Fragen zum Nachdenken und Diskutieren

A) Im Buch Esther im Alten Testament kommt der Name Gott gar nicht vor! Trotzdem zeigt sich darin deutlich, dass Gott diejenigen führt, die ihm vertrauen.

B) Wo ist dir Jesus begegnet und du hast ihn vielleicht nicht bemerkt?

12. Und vergib uns unsere Schuld, wie auch wir vergeben unseren Schuldigern!

„Dann trat Petrus zu ihm [= Jesus] *und sprach: Herr, wie oft soll ich meinem Bruder, der gegen mich sündigt, vergeben? Bis siebenmal?* [Die Zahl 7 steht in der Bibel für die Vollkommenheit] *Jesus spricht zu ihm: Ich sage dir: Nicht bis siebenmal, sondern bis siebzigmal siebenmal!* [= Vollkommen mal vollkommen mal 10] *Deswegen ist es mit dem Reich der Himmel wie mit einem König, der mit seinen Knechten abrechnen wollte. Als er aber anfing abzurechnen, wurde einer zu ihm gebracht, der zehntausend Talente* [= 15 Milliarden Franken] *schuldete. Da er aber nicht zahlen konnte, befahl der Herr, ihn und seine Frau und die Kinder und alles, was er hatte, zu verkaufen und damit zu bezahlen. Der Knecht nun fiel nieder, bat ihn kniefällig und sprach: Herr, habe Geduld mit mir, und ich will dir alles bezahlen. Der Herr jenes Knechtes aber wurde innerlich bewegt, gab ihn los und erließ ihm das Darlehen. Jener Knecht aber ging hinaus und fand einen seiner Mitknechte, der ihm hundert Denare* [= 26'000 Fr.] *schuldig war. Und er ergriff und würgte ihn und sprach: Bezahle, wenn du etwas schuldig bist! Sein Mitknecht nun fiel nieder und bat ihn und sprach: Habe Geduld mit mir, und ich will dir bezahlen. Er aber wollte nicht, sondern ging hin und warf ihn ins Gefängnis, bis er die Schuld bezahlt habe. Als aber seine Mitknechte sahen, was geschehen war, wurden sie sehr betrübt und gingen und berichteten ihrem Herrn alles, was geschehen war. Da rief ihn sein Herr herbei und spricht zu ihm: Böser Knecht! Jene ganze Schuld habe ich dir erlassen, weil du mich batest. Solltest nicht auch du dich deines Mitknechtes erbarmt haben, wie auch ich mich deiner erbarmt habe? Und sein Herr wurde zornig und überlieferte ihn den Folterknechten, bis er alles bezahlt habe, was er ihm schuldig war. So wird auch mein himmlischer Vater euch tun, wenn ihr nicht ein jeder seinem Bruder von Herzen vergebt"* (Matthäusevangelium 18,21-35).

Jesus lehrt uns beten im Unser-Vater-Gebet: *"Und vergib uns unsere Schuld, wie auch wir vergeben unseren Schuldigern"* (Matthäusevangelium 6,12).

Zuerst stellt sich die Frage: Was ist Schuld überhaupt? Hier lohnt sich ein Blick in die Bibel: Schuld entsteht durch Sünden. Was ist der Unterschied zwischen Sünde und Schuld? Sünden sind die einzelnen konkreten Gedanken, Worte und Taten, die gegen Gott gerichtet sind. Schuld ist der Zustand, der daraus entsteht. Was ist Sünde? Siehe Kapitel „5.4 Jesus besiegte die Sünde!"

12.1 Gott vergibt uns!
Warum lehrt Jesus uns beten: *„Und vergib uns unsere Schuld"*? Wir Menschen können nichts unternehmen, um unsere Schuld selber zu tilgen. Einfach so zu tun als hätten wir keine Sünde, löst das Problem nicht. Hier greift das EVANGELIUM, das Zentrum des christlichen Glaubens: Die frohe Botschaft und gute Nachricht. Was ist das Gute daran? *„Gott ist Liebe"* (1.Johannesbrief 4,8+16) und darum fand er eine Lösung für das Problem unserer Schuld. Unsere einzige Hoffnung, wieder mit Gott in Gemeinschaft zu treten, ist durch Jesus. Warum? Jesus ist ganz Mensch und ganz Gott. Daher ist er *„der Mittler"* (1.Timotheusbrief 2,5) zwischen Gott und uns. In der Bibel wird das so ausgedrückt: *„In ihm* [= Jesus] *haben wir die Erlösung durch sein Blut, die Vergebung der Vergehungen* [= Sünde und Schuld]*, nach dem Reichtum seiner Gnade"* (Epheserbrief 1,7).

Das EVANGELIUM ist keine Moral! Sondern Gott bietet uns an, dass er uns unsere Schuld vergibt. Mit einem einfachen Gebet können wir die Vergebung von Gott erflehen.

12.2 Weil Gott uns vergibt, können wir unseren Schuldigern vergeben!

Wie oft sollen wir unseren Mitmenschen vergeben, die uns Unrecht tun? Genau diese Frage interessierte Petrus. Lange schon überlegte er daran herum, bis er schliesslich Jesus selber fragte: *„Herr, wie oft soll ich meinem Bruder, der gegen mich sündigt, vergeben? Bis siebenmal?"* (Matthäusevangelium 18,21b). In der Bibel steht die Zahl sieben für die Vollkommenheit. Das ganze Universum wurde in sieben Tagen erschaffen (vgl. 1.Mose 1-2). Mit anderen Worten ausgedrückt: Petrus fragt Jesus: Reicht es, wenn ich meinem Bruder VOLLKOMMEN vergebe? *„Jesus spricht zu ihm: Ich sage dir: Nicht bis siebenmal, sondern bis siebzigmal siebenmal"* (Matthäusevangelium 18,22). Wir sollen also nicht nur VOLLKOMMEN vergeben, sondern sogar VOLLKOMMEN MAL ZEHN MAL VOLLKOMMEN! 490 Mal, das heisst immer und immer wieder. Interessant ist, dass hier steht: *„Jesus SPRICHT"*, nicht: Jesus sprach damals. Matthäus verwendet hier mit dem Fachbegriff das historische Präsens: Dies bedeutet, dass Jesus auch zu uns heute dies spricht!

Um dieses vollkommene Vergeben zu veranschaulichen und besser zu erklären, erzählt uns Jesus eine Geschichte: Das Gleichnis vom unbarmherzigen Knecht. Als Zusammenfassung dieses Gleichnisses halten wir fest: Indem Gott einem Menschen seine Schuld vergibt, erlässt er ihm einen Milliardenbetrag. Dagegen ist die Schuld, die wir Menschen untereinander haben, höchstens mit einem Betrag von einigen Tausend Franken zu vergleichen. Wenn uns Gott diesen Milliardenbetrag vergibt, wie viel mehr sollen wir Menschen nun untereinander den viel kleineren Betrag vergeben! Klar, 26'000 Fr. ist eine hohe Summe und man kann damit einiges kaufen und es ist ein

Unterschied, ob man diesen Betrag besitzt oder nicht. Aber im Vergleich zu 15 Milliarden Fr. ist er klitzeklein.

Ein weiterer Grund, warum wir einander vergeben sollen: Weil Gott auch unseren Schuldigern vergibt, falls sie ihn darum bitten. Wenn Gott ihnen vergibt, sollen wir sie nicht weiter an ihre ehemalige Schuld erinnern. Gott hat uns durch Jesus unsere Schuld vergeben, deshalb können wir mit der Kraft des Heiligen Geistes auch unseren Schuldigern vergeben.

Nicht vergebene Schuld ist ein Gift, das uns innerlich zerfrisst! Schuld macht uns krank! Nicht-vergeben-wollen kann man auch als „nachtragen" bezeichnen. Wenn ich jemandem etwas nachtrage: Wer trägt dann schwerer: Er oder ich? Ich natürlich. Es gibt ein christliches Sprichwort: „Wenn du einem Menschen vergibst, dann lässt du einen Gefangenen frei, aber dann entdeckst du, dass der wirkliche Gefangene du selbst warst" (Lewis Smedes). Ein Beispiel: Als ich an der Universität Zürich studierte, entstand einmal ein Missverständnis mit einem Professor. Ich wurde sehr wütend auf ihn und konnte dadurch nicht einschlafen. Mein Inneres war aufgewühlt: Groll erfüllte mich. Erst, als ich ihm bewusst vergeben habe, fand mein Herz Ruhe.

Gott benutzt harte Worte, um unversöhnliche Menschen zu warnen: *„Denn wenn ihr den Menschen ihre Vergehungen* [= Schuld] *vergebt, so wird euer himmlischer Vater auch euch vergeben; wenn ihr aber den Menschen nicht vergebt, so wird euer Vater eure Vergehungen* [= Schuld] *auch nicht vergeben"* (Matthäusevangelium 6,14-15). Dieser Satz von Jesus folgt direkt auf das Vater-Unser-Gebet und bildet eine Erklärung, warum wir einander vergeben sollen. Vergebung befreit und schafft einen Neuanfang. Wenn wir von Menschen zutiefst verletzt oder geradezu verraten wurden, können wir oftmals nicht so leicht und locker vom Hocker vergeben. Doch Vergebung kann auch ein längerdauernder Prozess sein. Wichtig ist, dass wir uns entschliessen, uns auf diesen Weg zu begeben.

12.3 Weil Gott uns vergibt, können wir uns selber vergeben!
Einige Menschen sind aus verschiedenen Gründen wütend auf sich selbst: Vielleicht haben sie eine gute Chance verpasst. Oder eine Fehlentscheidung getroffen und dabei viele Freunde, viel Geld, Zeit oder Ansehen verloren. Auch in diesem Fall gilt uns Gottes Liebe und Gnade: Weil Gott uns vergibt, können wir uns selber vergeben! Man muss auch barmherzig mit sich selber sein. Wenn wir uns täglich mit der Bibel, mit Gottes Wort, beschäftigen, werden unsere Selbstzweifel und Selbstanklagen mit der Zeit schwächer werden oder sogar aufhören.

Schluss und Zusammenfassung
Das Unser-Vater-Gebet ist ernst und nüchtern. Gott zeigt uns, dass wir Menschen nur zwei Dinge tun können: Wir können erstens beten und wir können zweitens einander vergeben. Für uns ist dies auf den ersten Blick wohl ungewohnt. Gerade in unserer heutigen Zeit des Machbarkeitswahns. Doch wir Menschen sollten nicht stolz sein und uns überschätzen.
Gott ringt darum, dass wir heute versöhnt nach Hause gehen! *„So sind wir nun Gesandte an Christi Statt, indem Gott gleichsam durch uns ermahnt; wir bitten für Christus: Lasst euch versöhnen mit Gott!"* (2.Korintherbrief 5,20).
Gott vergibt uns! Gott trug durch Jesus unsere Schuld am Kreuz. Dies ist das EVANGELIUM, die frohe Botschaft und gute Nachricht.
Weil Gott uns vergibt, können wir unseren Schuldigern vergeben! Wir vergeben einander, wo wir Unrecht erleiden

mussten, weil Gott uns unsere Schuld vergeben hat. Unsere Schuld untereinander ist kleiner ist als diejenige gegenüber Gott. Weil Gott uns vergibt, können wir uns selber vergeben! Wenn wir uns täglich Gottes Liebe aussetzen, werden unsere Selbstzweifel und Selbstanklagen mit der Zeit aufhören.

Die Vergebung der Schuld ist das Wichtigste. An ihr entscheidet sich Zeit und Ewigkeit. Deswegen bitten wir Gott:

„Und vergib uns unsere Schuld, wie auch wir vergeben unseren Schuldigern!"

Anmerkung

Das Talent war die grösste damalige Geldeinheit und wog etwa 35 kg Silber. Ein Talent bestand aus 6000 Denaren. Ein Denar war der Tagelohn eines Arbeiters (vgl. Matthäusevangelium 20,2). Heute beträgt der durchschnittliche Monatslohn in der Schweiz 5800 Fr. Aufgeteilt auf 22 Arbeitstage monatlich gibt das: 5800/22 = 263 Fr. täglich. Umgerechnet sind 10000 Talente also: 263 Fr. mal 6000 mal 10000 ergibt 15'818'181'818 Fr., also 15 Milliarden Fr.

Fragen zum Nachdenken und Diskutieren

A) Gott vergibt dir gerne deine Vergehen. Was solltest du Gott bekennen?

B) Wer hat dir Unrecht getan und du solltest ihm vergeben?

C) In welchen Bereichen deines Lebens solltest du dir selber vergeben?

D) Lest gemeinsam 2.Korintherbrief 5,17-21. Wo stellt dich Gott hin als *„Gesandter an Christi Statt"*?

13. Und führe uns nicht in Versuchung, sondern erlöse uns von dem Bösen
13.1 Führe uns nicht in Versuchung!

Jesus lehrt uns beten: *„Und führe uns nicht in Versuchung, sondern erlöse uns von dem Bösen"* (Matthäusevangelium 6,13). Was ist Versuchung? Heutzutage wird oft der Begriff Versuchung verwendet, um auszudrücken, wenn man von einer Süssigkeit gelockt wird. Gemeint ist jedoch nicht etwas Süsses, sondern etwas Bitteres: nämlich die Möglichkeit, von Gott abzufallen. Die ersten Christen standen in der Gefahr, Jesus zu verleugnen und vom Glauben an ihn abzufallen. Im römischen Reich mussten alle Menschen einige Körner Weihrauch den römischen Göttern opfern, um ihre Loyalität gegenüber den Göttern und dem Kaiser auszudrücken. Die ersten Christen weigerten sich und wurden deshalb verfolgt und getötet. Gott sei Dank ist es heute nicht mehr so. Aber auch momentan leiden Christen in Syrien durch die Unruhen. Kirchen werden angezündet und Christinnen auf offener Strasse vergewaltigt. Wir haben die Pflicht und Aufgabe, für sie zu beten, dass sie in dieser Versuchung standfest bleiben. Natürlich gibt es nicht nur diese grösste und schlimmste aller Versuchungen, von Gott abzufallen, sondern auch kleinere und alltäglichere, die uns aber auch von Gott trennen. Martin Luther erkennt: „Du kannst nicht verhindern, dass ein Vogelschwarm über deinen Kopf hinwegfliegt. Aber du kannst verhindern, dass er in deinen Haaren nistet" (Dr. Martin Luthers bisher grossentheils ungedruckte Briefe, Band 2, S. 174). Mit anderen Worten ausgedrückt: Wir können zwar nicht verhindern, dass uns verschiedene Versuchungen treffen. Doch wir können entscheiden, ob sie sich in unseren Gedanken einnisten. Wir haben die Verantwortung, zur Versuchung NEIN zu sagen. Wir können wir ganz konkret NEIN sagen? Wir nehmen uns ein Beispiel an Jesus. Auch Jesus wurde vom Teufel versucht in der Wüste (vgl. Matthäusevangelium 4,1-

11). Dreimal gab Jesus dem Teufel Antwort aus der Thora, den fünf Büchern Mose, also dem Alten Testament, aus der Bibel. Dies tröstet uns, wenn wir daran denken, dass auch der Sohn Gottes Jesus *„der in allem in gleicher Weise wie wir versucht worden ist, doch ohne Sünde"* (Hebräerbrief 4,15) blieb. Wenn wir versucht werden, ist es notwendig, einen passenden Bibelvers auswendig zu kennen. Daher als Praxistipp: streiche in deiner Bibel diejenigen Verse an, die du brauchen wirst und schreibe diese Verse dann auf einen Zettel und lege ihn in dein Portemonnaie. So hast du ihn immer griffbereit und du kannst ihn in der Versuchung zücken und laut vorlesen. Warum hilft ein Bibelvers in der Versuchung? Die Bibel ist *„das Schwert des Geistes, das ist Gottes Wort!"* (Epheserbrief 6,17b), also das Angriffsmittel des Heiligen Geistes. Wenn wir vom Teufel versucht werden, dann sollen wir mit dem Wort Gottes antworten! Dann muss der Teufel fliehen. Ein Stossgebet zu Gott ist in Versuchungen wichtig, weil dann die Beziehung zwischen uns und Gott im Vordergrund steht und nicht das Böse, dem wir ausweichen wollen. Ein Stossgebet soll ehrlich und kurz sein, beispielsweise: „Jesus hilf, dass ich nicht schlecht rede über meinen Kollegen!" „Jesus hilf, dass ich nicht dieses aufreizende Plakat anschaue!" „Jesus hilf, dass ich nicht ausraste!" „Jesus, schenke mir Geduld!"

Durch Versuchung wird unser Glaube auf die Probe gestellt. Jakobus schreibt: *„Haltet es für lauter Freude, meine Brüder, wenn ihr in mancherlei Versuchungen geratet"* (Jakobusbrief 1,2). Warum sollen wir uns freuen? Ich freue mich jeweils überhaupt nicht, wenn ich versucht werde. Wenn wir in Versuchung kommen, heisst das immerhin, dass wir noch auf dem richtigen Weg sind, sonst müsste der Teufel uns ja nicht versuchen. Jesus spricht vom schmalen Pfad, den wir gehen sollen im Gegensatz zum breiten Weg, der ins Verderben führt (vgl. Matthäusevangelium 7,13-14).

Tatian, ein Sektierer aus dem zweiten Jahrhundert n.Chr., änderte das Vater-Unser-Gebet und betete stattdessen: „und führe uns in Versuchung!" Er wollte Gott also beweisen, wie stark sein Glaube sei. Es ist jedoch nie das Ziel, sich absichtlich in Versuchungen zu begeben und auszuprobieren, ob oder wie lange man ihr widerstehen kann. Jesus lehrt uns genau das Gegenteil beten: *„und führe uns nicht in Versuchung!"* Der Grund ist, dass er weiss, dass wir keine Glaubenshelden sind, sondern uns oft der Glaube fehlt. Nur die Glaubenshelden Abraham und Hiob wurden von Gott versucht.

Natürlich sollen wir auch nicht andere in Versuchung führen. Jesus warnt: *„Es ist unmöglich, dass nicht Verführungen kommen. Wehe aber dem, durch den sie kommen!"* (Lukasevangelium 17,1).

Was geschieht, wenn wir der Versuchung erliegen? *„Wenn wir [Jesus] verleugnen, wird auch er uns verleugnen; wenn wir untreu sind – er bleibt treu, denn er kann sich selbst nicht verleugnen"* (2.Timotheusbrief 2,12b-13). Deshalb ist es notwendig und zentral, dass wir Jesus nicht verleugnen. Was ist das Gegenteil von verleugnen? Jesus im Gebet sagen, dass wir an ihn glauben. Wir bekennen damit, dass Jesus unser persönlicher Herr und Heiland ist. Gleichzeitig gestehen wir ihm und uns ein, dass wir Sünder sind, also schlecht sind. Doch das EVANGELIUM, die frohe Botschaft und gute Nachricht, bedeutet: Jesus bleibt treu! Er heisst sogar: *„Dies sagt, der 'Amen' heißt, der treue und wahrhaftige Zeuge, der Anfang der Schöpfung Gottes"* (Offenbarung 3,14). Amen heisst „gewiss" oder „so sei es." Sein Wesen und sein Charakter ist also die Treue! Er ist der loyalste Freund, den es im ganzen Universum gibt. Auch, wenn dich alle Menschen verraten und verlassen, einer nicht: Jesus Christus, der Sohn Gottes!

13.2 Erlöse uns von dem Bösen!

Der Begriff: *„erlöse und von dem Bösen!"* ist zweideutig: Er kann bedeuten: von *„dem Bösen"* (Sache) oder von *„dem Bösen"* (Person).

A) Zum Bösen als Sache: Unglück, Krankheit, Leid, Unfall usw. können uns treffen. Deshalb lautet die Bitte an Gott, er möge uns davor bewahren. Falls er es nicht tut, dürfen wir trotzdem wissen: Gott ist bei uns im Leid, wie er verspricht: *„Ich werde dich nicht aufgeben und dich nicht verlassen"* (Josua 1,5). *„Und ob ich schon wanderte im finstern Tal, fürchte ich kein Unglück; denn du bist bei mir"* (Psalm 23,4).

B) Der Teufel wird auch *„der Böse"* (Matthäusevangelium 13,19) genannt. Er ist der Versucher, der uns in Versuchung führt. Jesus charakterisiert den Teufel so: *„Der Dieb kommt, um zu stehlen und zu schlachten und zu verderben"* (Johannesevangelium 10,9). Der Teufel will uns Menschen töten. Doch Jesus ist stärker als der Teufel! *„Hierzu ist der Sohn Gottes offenbart worden, damit er die Werke des Teufels vernichte"* (1.Johannesbrief 3,8b). Anders ausgedrückt: Jesus ist gekommen, um den Teufel zu besiegen. In den ersten drei Jahrhunderten war die Macht von Jesus über den Teufel auch der Grund, warum viele begannen, an Jesus zu glauben und sich das Christentum schnell ausgebreitet hat. Die Menschen damals hatten Angst vor Dämonen und beteten teilweise Götter an, hinter denen sich die Macht der Dämonen verbarg (vgl. 1.Korintherbrief 10,14-22). Doch Jesus befreite diese Menschen! Wir müssen keine Angst haben vor dem Teufel, sondern Angst, oder besser ausgedrückt: Ehrfurcht vor Gott, dem Allmächtigen. Diese Erkenntnis wird uns fröhlich machen und ist auch ein Aspekt des EVANGELIUMS, der frohen Botschaft.

Es ist also wichtig, nicht aufs Böse zu schauen, sondern auf Jesus.

Wie kann man sich den Kampf zwischen Gott und dem Teufel vorstellen? Vielleicht als Schachspiel zwischen Gott und dem

Teufel, wobei aber Gott mit einer Hand seine eigene Partie spielt und mit der anderen diejenigen des Teufels führt. Gott ist allmächtig. Der Teufel kann nur das tun, was Gott zulässt. Ein grosses Geheimnis. Deswegen richten sich die zwei Bitten auch an Gott: „*Führe*" und „*erlöse!*"

13.3 Gott ist grösser als unsere Sünde!

Dies muss man sich immer wieder bewusst machen! Manchmal bin ich nachdenklich und schaue auf mich selber und denke über meine persönlichen Sünden nach, weil sie mich nerven und belasten. Diese Beschäftigung mit der eigenen Sünde ist aber auf Dauer ungesund. Dann muss ich mir jeweils laut zurufen: „Gott ist grösser als meine Sünde!" Auch wenn meine Sünde noch so gross ist und ich keinen Ausweg mehr sehe: Gott ist grösser! Genau deswegen haben wir ja den Heiland Jesus, der durch seinen Tod am Kreuz und seine Auferstehung unsere Sünden vernichtet hat und uns ein neues Leben in der Beziehung mit Gott schenkt! Es ist typisch pietistisch, immer auf die eigene Sünde zu schauen. Dies hat seine Berechtigung in der Bibel: Das erste Werk des Heiligen Geistes ist nämlich, dass er einem gottfernen Menschen seine Sünde aufzeigt und er sie anerkennt (vgl. Johannesevangelium 16,8). Das zweite Werk ist jedoch, dass der Gläubige (theologisch gesprochen) seine Heiligung und Rechtfertigung in Christus erkennt (vgl. 1.Korintherbrief 1,30), also seinen neuen Charakter und sein neues Wesen durch die Beziehung mit Jesus. Daran dürfen wir uns freuen, dies ist auch ein Aspekt des EVANGELIUMS.

Noch zwei Bibelverse zur Ermutigung:

A) „*Ich bin ebenso in guter Zuversicht, dass der, der ein gutes Werk in euch angefangen hat, es vollenden wird bis auf den Tag Christi Jesu*" (Philipperbrief 1,6). Gott errettet Menschen zu seiner eigenen Ehre, deshalb trägt er uns auch durch die Versuchung hindurch.

B) „*Keine Versuchung hat euch ergriffen als nur eine menschliche; Gott aber ist treu, der nicht zulassen wird, dass ihr über euer Vermögen versucht werdet, sondern mit der Versuchung auch den Ausgang schaffen wird, so dass ihr sie ertragen könnt*" (1.Korintherbrief 10,13).

Wenn wir unser ganzes Leben gegen die Versuchungen, die Sünde und das Böse kämpfen und trotzdem unterliegen, dann gilt der Trost von Martin Luther an seinen Freund Philipp Melanchthon: „Sei ein Sünder und sündige kräftig, aber vertraue noch stärker und freue dich in Christus, welcher der Sieger ist über die Sünde, den Tod und die Welt! [Originalton: Esto peccator et pecca fortiter, sed fortius fide et gaude in Christo, qui victor est peccati, mortis et mundi!] Wir müssen sündigen, so lange wir hier sind. Dieses Leben ist nicht eine Wohnung der Gerechtigkeit. ‚Wir warten aber auf einen neuen Himmel und eine neue Erde, in welchen Gerechtigkeit wohnt'[2.Petrusbrief 3,13]" (Brief vom 01.08.1521). Dietrich Bonhoeffer ergänzt: „Also, du bist nun einmal ein Sünder, und kommst doch nie aus der Sünde heraus […]." Das ist der tröstende Zuspruch für denjenigen, „der auf seinem Wege der Nachfolge erkennt, dass er nicht sündlos werden kann, der in der Furcht vor der Sünde verzweifelt an Gottes Gnade" (Nachfolge, S. 38-39).

Zusammenfassung

„*Und führe uns nicht in Versuchung*" ist die Bitte an Gott, dass wir in der Versuchung mit Hilfe der Bibel und Stossgebeten standhalten können. „*Erlöse uns vom Bösen*" meint, dass Gott uns vor Unglück und Teufel beschützt. Das EVANGELIUM bedeutet, dass wir immer zurück zu Gott gehen dürfen, auch wenn wir gefallen sind. Deswegen dürfen wir voller Zuversicht beten: „*Und führe uns nicht in Versuchung, sondern erlöse uns von dem Bösen!*" (Matthäusevangelium 6,13).

Fragen zum Nachdenken und Diskutieren

A) In welchen Situationen gibst du der Versuchung nach? Wie kannst du in Zukunft solche Situationen meiden?

B) Mit unserer Moral können wir das Böse nicht besiegen, sondern wir müssen unsere Freude an Jesus bewahren und sogar vergrössern: *„Denn die Freude am HERRN ist eure Stärke"* (Nehemia 8,10b in der Lutherübersetzung). Wie kannst du deine Freude an Jesus bewahren und sogar noch steigern?

14. Wie sprechen wir mit Gott?

Mit Gott kann ich über alles reden! Heute feiern wir den Eidgenössischen Dank-, Buß- und Bettag. Jetzt stellt sich die Frage:

14.1 Danktag: Warum und wofür sollen wir Gott danken?

Dankbarkeit ist ein Zeichen von Glauben. Oft geht es mir aber genau umgekehrt: Drei Dinge besitze ich noch nicht. Ich schaue darauf, anstatt auf die 300 Dinge, die ich besitze. Es lohnt sich, sich einmal aufzuzählen, wofür du Gott dankbar bist: Familie, Freunde, Arbeitskollegen, Tiere, Essen, Trinken, Dach über dem Kopf, Arbeitsstelle, gutes Wetter und natürlich die Beziehung mit Gott! Wofür sollen wir Gott danken? Für alles Gute und alles Schlechte! Für alles. *„Sagt allezeit für alles dem Gott und Vater Dank im Namen unseres Herrn Jesus Christus!"* (Epheserbrief 5,20). Ein Praxistipp: Versuche doch einmal, in der nächsten Woche jeden Abend die Dinge aufzuzählen, für die du dankbar bist. Du wirst sicher, auf wie viele Dinge du kommst. Ein christliches Sprichwort lautet: „Danken schützt vor Wanken!" Wanken meint hier Zweifel oder Anfechtung. Wenn wir Gott danken, schauen wir weg von unseren Problemen, hin zu Gott, zur Lösung des Problems.

14.2 Bußtag: Warum sollen wir Buße tun?

Der erste Satz, den Jesus öffentlich sagte: *„Tut Buße und glaubt an das Evangelium!"* (Markusevangelium 1,15b). Buße ist nicht dasselbe wie (Auto-)Busse! Buße tun ist die Umkehr zu Gott, eine Herzensänderung, ein Gesinnungswandel, ein 180-Grad-Richtungswechsel. Warum? Weil wir Sünder (böse) sind und darum nicht automatisch mit Gott Gemeinschaft haben. Heutzutage kennen wir Abfallsünder (Littering), Dopingsünder im Sport, Verkehrssünder auf der Strasse, Steuersünder in Egerkingen. Durch diese Begriffe ist uns die Grundbedeutung abhandengekommen. Sünden sind die Gedanken, Worte und Taten, die gegen die Zehn Gebote (vgl. 2.Mose 20; 5.Mose 5) verstossen. Mit anderen Worten ausgedrückt: Alles, was gegen die Gottes-, Nächsten -und Selbstliebe verstösst. Mit dieser allgemeinen Definition von Sünde sind wir leider alle, du und ich, Sünder. Jesus sagt: *„Tut Buße und glaubt an das Evangelium!"* Was ist das EVANGELIUM? Es ist die frohe Botschaft und gute Nachricht. Was ist das Frohe daran? „Gott ist Liebe" (1.Johannesbrief 4,8). Wie drückte er seine Liebe aus? Gott Vater sandte seinen Sohn Jesus Christus auf die Erde. Was bedeutet „Sohn Gottes"? Jesus ist ganz Mensch und ganz Gott und somit die Verbindung zwischen Gott und Menschen. Am Karfreitag im Jahr 30n.Chr. lud Gott alle unsere Schuld auf den sündlosen Jesus. Jesus starb am Kreuz auf Golgatha für unsere Sünden. Als Jesus starb, wurde auch unsere Sünde vernichtet. Am dritten Tag, an Ostern, erweckte Gott Vater ihn wieder von den Toten auf. Jesus lebt! Weil Jesus lebt, können auch wir heute eine Beziehung mit Gott erhalten oder vertiefen.

In einem einfachen Gebet können wir mit Gott eine Beziehung beginnen, wenn wir ihm unsere Sünde eingestehen. Zudem können wir Gott alles hinlegen, was uns quält.

14.3 Bettag: Warum sollen wir beten?

Beten heisst nicht nur danken und Buße tun, sondern beinhaltet auch Bitten. Mit dem Fachbegriff: Fürbitte leisten, das heisst: FÜR jemanden beten. Das Beste, was wir anderen Menschen tun können ist: Sie Gott hinlegen (anbefehlen). Auch für unsere Regierung und die Menschen, die in der Schweiz wichtige Funktionen innehaben, damit sie von Gott geführt werden. Was ist die Motivation dazu? Jesus spricht: *„Wenn ihr mich etwas bitten werdet in meinem Namen, so werde ich es tun"* (Johannesevangelium 14,14).

Zusammenfassung

Mit Gott kann ich über alles reden: Wir sagen Gott danke, Entschuldigung und bitten für unsere Mitmenschen und uns selber.

Fragen zum Nachdenken und Diskutieren

Neben diesen drei Gebetsarten gibt es drei weitere:

A) Gott anbeten. Wir loben ihn dafür, wer er ist: Unser Schöpfer, Erhalter, Erlöser und Vollender. Lobe Gott im Gebet, indem du alle Charaktereigenschaften Gottes aufzählst, die dir einfallen!

B) Leid klagen: Wenn wir Gott unsere Sorgen und Nöte aufzählen.

C) Rachegebet: Als Vorstufe zur Feindesliebe kann es manchmal auch nötig sein, einen Rachepsalm zu beten. Dadurch können schlechte Gefühle abgebaut werden und der Groll häuft sich nicht im Bauch an. Bete Psalm 58; 68; 109; 129; 137.

15. Was ist die Reformation?

15.1 Die Reformation von Martin Luther

Martin Luther entdeckte vor 500 Jahren das EVANGELIUM wieder, die frohe Botschaft und gute Nachricht! In den ersten Jahrhunderten veränderte das EVANGELIUM das erste Mal ganz Europa, als es sich ausbreitete und Fuss fasste. Die Reformation veränderte ganz Europa und die ganze Welt zum zweiten Mal! Luther brütete tagelang, wochenlang, monatelang über diesem Vers: *„Denn ich schäme mich des Evangeliums nicht, ist es doch Gottes Kraft zum Heil jedem Glaubenden, sowohl dem Juden zuerst als auch dem Griechen. Denn Gottes Gerechtigkeit wird darin offenbart aus Glauben zu Glauben, wie geschrieben steht* [Habakuk 2,4a]: *‚Der Gerechte aber wird aus Glauben leben'"* (Römerbrief 1,16-17). Er verstand ihn nicht. Bis er erkannte, dass die „*Gerechtigkeit Gottes*" zweideutig ist: Nicht nur: Gott ist gerecht, sondern auch: Gott macht uns gerecht. Er schreibt in seiner Autobiographie: „Ich fing an zu verstehen, dass dies die Meinung ist, es werde durchs Evangelium die Gerechtigkeit Gottes offenbart, nämlich die passive, durch welche uns der gnädige Gott gerecht macht durch den Glauben" (WA 54,185).

Gott ist gleichzeitig Gerechtigkeit und Liebe. Die Gerechtigkeit verlangt, dass er unsere Sünde bestraft. Doch seine Liebe will uns retten. Das EVANGELIUM ist die frohe Botschaft und gute Nachricht. Und Jesus ist dieses EVANGELIUM! Warum? Weil er ganz Gott und ganz Mensch ist. Deshalb ist er der Mittler zwischen Gott und Menschen, er bringt uns wieder mit Gott in Beziehung.

15.2 Die Unterschiede zwischen Protestanten und Katholiken

Was unterscheidet Protestanten eigentlich von den Katholiken? In aller Kürze neun Dinge, die ich als Stichworte oder Schlagworte nennen möchte:

A) Die Katholiken haben den Papst. Wir Protestanten haben das sogenannte Priestertum aller Gläubigen: Jeder, der an Jesus glaubt, ist selber ein Priester. Er lebt seine Beziehung zu Gott ohne einen Vermittler wie einen Papst oder einen Priester.

B) Tradition: Die Kirchenväter (christliche Schriftsteller) haben bei den Katholiken die gleiche Autorität wie die Bibel. Im Protestantismus steht die Bibel höher als die Tradition, sie hat immer das letzte Wort und ist die normierende Norm, also der 100%-Wert, an dem alles andere gemessen wird, auch die Schriften der berühmtesten Kirchenväter wie Augustin oder Thomas von Aquin, weil die Bibel das Wort Gottes ist.

C) Bibel: Im Alten Testament haben die Katholiken zusätzlich zehn Bücher, die sogenannten Spätschriften des Alten Testaments: Judith, Tobit, 1.+2.Makkabäer, Zusätze zum Buch Esther, Buch der Weisheit, Jesus Sirach, Baruch, Brief des Jeremia, Zusätze zum Buch Daniel. Bei uns Protestanten endet das Alte Testament mit dem Propheten Maleachi, der 400 v.Chr. lebte. Die protestantische Bibel ist im Alten Testament ohne diese zehn Spätschriften. Martin Luther urteilte über sie: Die Spätschriften sind Bücher, „so der heiligen Schrift nicht gleich gehalten, und doch nützlich und gut zu lesen sind" (Bibel: Die gantze Heilige Schrifft, Band 2, 156a), aber die Reformatoren leiteten keine Glaubenswahrheiten (Dogmen) aus ihnen ab.

D) Verehrung der Heiligen und der Maria bei den Katholiken. Bei Protestanten gibt es keine Verehrung von Heiligen. Maria wird bei uns weniger gewichtet. In diesem Kapitel werden mehrmals die Reformatoren erwähnt. Doch Luther sah sich selber nicht als

Fixstern (Referenzpunkt), sondern als Planeten, der selber um die Sonne (Jesus) dreht.

E) Sieben Sakramente: Priesterweihe, Beichte, Ehe, letzte Ölung, Eucharistie (Abendmahl), Erstkommunion, Taufe. Wir haben nur zwei Sakramente: Die Taufe und das Abendmahl.

F) Eucharistie: Die Substanz der Oblate und des Weines wird zum Leib und Blut Christi umgewandelt, wenn die Glocke erklingt (Transsubstantiation). Dies ist der Höhepunkt einer Messe. Das Abendmahl ist bei uns symbolisch: Jesus kommt im Abendmahl symbolisch oder durch seinen Heiligen Geist zu den Gläubigen. Zudem dürfen alle vom Wein oder Traubensaft trinken, nicht nur der Priester. Höhepunkt des reformierten Gottesdienstes ist die Predigt, wenn Jesus durch sein Wort der Bibel zu uns spricht.

G) Der Protestantismus ist der einzige Glaube, in dem alle immer alles essen dürfen. Wir kennen keine Speisevorschriften. Paulus schreibt: *„Den Reinen ist alles rein"* (Titusbrief 1,15a). Durch den Glauben an Jesus sind wir rein vor Gott.

H) Wir vertreten keinen Kult der Jungfräulichkeit, sondern die Ehe von Mann und Frau ist das Wünschenswerte.

I) Der Katholizismus hat eine starre Hierarchie: Papst, Kardinäle, Erzbischöfe, Bischöfe, Priester, Laien. Dies ist eine Entsprechung zur Königsherrschaft (Monarchie). Der Protestantismus ist demokratisch und mit der Volksherrschaft (Demokratie) einfacher kombinierbar.

Wichtiger Hinweis: Katholiken sind auch Christen. Sie haben einfach eine andere Tradition. Ökumene (Erdkreis) ist wichtig, aber natürlich keine Anbiederung oder Gleichmacherei! Es gibt gewichtige Unterschiede. Wir sollen uns in Liebe ertragen. Wir glauben an den gleichen Gott Vater, den gleichen Gott Sohn Jesus und den gleichen Gott den Heiligen Geist. Wichtiger Hinweis für Katholiken: Protestanten sind auch Christen, nur gewichten wir die Tradition anders.

15.3 Die fünf Kernpunkte der Reformation

Wie sahen die Reformatoren selber den Kern der Reformation? Die fünf „allein" (lateinisch: sola):

A) Allein die Bibel (sola scriptura)! Weder die 10 Spätschriften, noch die Tradition, sondern nur das Alte und Neue Testament ist entscheidend für den Glauben.

B) Allein aus Gnade (sola gratia)! Nur aus Gnade sind wir errettet, nicht durch unseren Verdienst.

C) Allein aus Glaube (sola fide) sind wir errettet, nicht aus Werken, durch Wallfahrten oder durch Ablass.

D) Allein zur Ehre Gottes (Soli Deo gloria)! Das ganze Leben soll Gott verherrlichen!

E) Dies alles kann zusammengefasst werden in der Formel: ALLEIN CHRISTUS (solus Christus)! Jesus ist der einzige Herr und Heiland.

Konkret bedeutet das für uns: Wir Protestanten sind traditionskritisch! Als Beispiel heute: Halloween ist die Kurzform von: All hallow´s evening, der Abend vor dem Allerheiligen. Der Brauch kommt von Kelten in Irland, also von Heiden (Nichtchristen) und ist 1830 nach Amerika geschwappt. Vor etwa zwanzig Jahren ist er in die Schweiz gekommen. Kinder verkleiden sich als Hexe, Geist oder Skelett und gehen von Haus zu Haus und verlangen an der Türe: „Süsses sonst gibt's Saures!" Falls man ihnen keine Süssigkeit gibt, spielen sie Streiche. Dies ist einer der schlimmsten Abende für die Polizei, weil viele Vandalenakte stattfinden, die eine hohe Schadenssumme auslösen.

Wir dagegen feiern Reformation! Wir feiern genau die Loslösung von Traditionen und Bräuchen. Wir feiern das EVANGELIUM. *„Das Evangelium [...] ist Gottes Kraft!"* (Römerbrief 1,16a). Das EVANGELIUM bewirkt, dass aus Huren Heilige und aus Junkies (Drogensüchtigen) Jesus-Freaks werden! Es ist gewaltig! Das EVANGELIUM bewirkt, dass sie vor Gott gerecht werden. Das

EVANGELIUM ist unendlich viel spannender als Halloween! Wir haben auch eine Aufgabe gegenüber der Gesellschaft, durch unser Vorleben und Einfluss unsere Mitmenschen zu ermahnen und zu ermutigen, an Jesus zu glauben. Jesus wirkt dies immer mehr in uns. Er hilft uns dabei durch den Heiligen Geist.

15.4 Wie hat sich die Reformation ausgebreitet?
Wie konnte sich die Reformation vor 500 Jahren so schnell in ganz Europa ausbreiten ohne Fernsehen, Internet, Zeitungen und Radio? Sie breitete sich durch Lieder und Traktate aus. Also sollen auch wir christliche Lieder singen und Traktate verteilen. Zuerst zum Singen: Es ist hilfreich, im Alltag christliche Lieder vor sich hinzusingen. So bleiben die Gedanken auf Gott gerichtet. Zweitens zu den Traktaten: Natürlich können wir auch das Internet und moderne Medien nutzen, um von Jesus zu reden. Dennoch ist ein Traktat hilfreich. Einmal, als ich in Zürich von Jesus erzählte, wurde ich Augenzeuge, wie ein Teenager einem 90-jährigen Opa einen Internet-Link mit auf den Weg gab. Ich bezweifle aber, dass dieser Mann noch einen Internetanschluss zu Hause hatte. Nicht nur für ältere Menschen eignen sich Traktate sehr gut. Ein Traktat ist eine kurze christliche Schrift. Oft mit einem Bild auf der Titelseite. Im Inneren wird ein Bibelvers erklärt. Wie kann man ganz einfach ein Traktat verteilen? Zuerst einen Anknüpfungspunkt suchen und dann ein Gespräch beginnen. Als Abschluss ein Traktat schenken. Man kann nichts verlieren, nur gewinnen. Ein Sprichwort besagt: Wagen ist haben!

15.5 Gott wirkte durch unterschiedliche Reformatoren

Noch eine Ermutigung, die uns die Reformatoren lehren: Martin Luther war Mönch in Wittenberg, Huldrych Zwingli in Zürich Politiker, Johannes Calvin in Genf Jurist. Sie hätten unterschiedlicher nicht sein können: Drei verschiedene Hintergründe, Ausbildungen, Lebensgeschichten. Doch Gott brauchte alle, um sein Reich zu bauen. Dies gibt uns Hoffnung: Gott braucht auch alle von uns, egal, ob wir Hausfrau, Landwirt, Sachbearbeiterin, Manager, angehender Pfarrer oder sonst einen Beruf ausüben. Alle Berufe sind gleichwertig. Es gibt keine Trennung zwischen geistlichen und weltlichen Berufen, weil wir alles zur Ehre Gottes tun. Gott wirkt durch uns genau dort, wo wir sind.

Ein Sprichwort zum Schluss: Gottes Wort und Luthers Lehr' vergehen nun und nimmermehr!

Fragen zum Nachdenken und Diskutieren
A) Welche christlichen Lieder singst du gerne vor dich hin?
B) Hast du bereits ein Traktat verteilt? Was war die Reaktion?
C) In welchen Bereichen deines Lebens kannst du mit Gottes Hilfe die Reformation vorantreiben?

16. Bist du tauglich für Jesus?

„Jesus aber sprach zu ihm: Niemand, der seine Hand an den Pflug gelegt hat und zurückblickt, ist tauglich für das Reich Gottes" (Lukasevangelium 9,62).

16.1 Tauglich für Jesus
Jesus spricht davon, *„tauglich"* zu sein für das Reich Gottes. Dies ist das wichtigste, denn dies ist der Sinn des Lebens und die höchste Berufung! Vielleicht kennst du den Begriff „untauglich" aus der Rekrutierung respektive dem Militärdienst. „Untauglich" ist ein sehr negatives Wort und wird deshalb auch mit „UT" abgekürzt, damit man es nicht immer voll aussprechen muss. Genau von dieser Untauglichkeit im Reich Gottes spricht Jesus hier. Es geht also um etwas sehr Ernstes.

16.2 Was ist das Reich Gottes?
Jesus spricht davon, tauglich zu sein für das Reich Gottes. Doch was ist das *„Reich Gottes"*? Es ist die Königsherrschaft von Gott. Das Reich Gottes ist überall dort, wo Menschen Jesus als König verehren. Mit Jesus beginnt das Reich Gottes, der Machtbereich Gottes auf dieser Welt.

16.3 Wer ist Jesus?
Wer ist dieser Jesus überhaupt, mit dem Gottes Reich so eng verknüpft ist? Jesus ist der schönste, gewaltigste, wunderbarste, den es gibt:
Er verwandelt Wasser zu Wein (vgl. Johannesevangelium 2,9) und schenkt uns voll ein (vgl. Psalm 23,5),
er ist der *„Fürst des Friedens"* (vgl. Jesaja 9,5),
die Gasse zur Gerechtigkeit (vgl. Matthäusevangelium 21,32),
die Hauptstrasse zum Himmel und zur Herrlichkeit,
der Weg und die Wahrheit (vgl. Johannesevangelium 14,6),

der Erlöser der Erfolglosen (vgl. Matthäusevangelium 21,31),
der Freund der Verachteten (vgl. Matthäusevangelium 11,19)
der Versorger der Verzweifelten (vgl. Matthäusevangelium 4,16),
der Hirte und Hüter unserer Seelen (vgl. 1.Petrusbrief 2,25)
der Held der Hoffnungslosen (vgl. Matthäusevangelium 4,16),
das grosse „*Geheimnis Gottes*" (Kolosserbrief 2,2),
der „*Erste und der Letzte*" (Offenbarung 1,17) und der „*Mittler*" zwischen Gott und uns Menschen (1.Timotheus 2,5)
der „*Löwe*" (Jesaja 31,4) und das „*Lamm*" (Offenbarung 5,6),
der „*König der Könige*" (1.Tim. 6,15; Offenbarung 17,14;19,16),
der „*Herr der Herren*" (1.Tim. 6,15; Offenbarung 17,14;19,16),
der „*Gott der Götter*" (Josua 22,22; Psalm 136,2; Daniel 2,47),
der heilige Herr der himmlischen Heerscharen (vgl. Jesaja 6,3),
die Liebe Gottes in Person (vgl. 1.Johannesbrief 4,8),
Gott „*im Fleisch*" (1.Timotheusbrief 3,16)!
JESUS ist das Zentrum des christlichen Glaubens!
ER IST DAS EVANGELIUM, die gute Nachricht und frohe Botschaft!

16.4 Seine Hand an den Pflug gelegt hat

das bedeutet: derjenige, der Jesus ergriffen hat. Alle diejenigen, die Jesus in ihr Leben aufgenommen haben durch ein einfaches Gebet. Gestern meldete sich einer meiner ehemaligen Nachbarn. Er arbeitet neuerdings in einem christlich geführten Restaurant und spürte die Gegenwart und Führung von Jesus. Er fragte mich, wie er Jesus annehmen könne. Es ist ganz einfach: Mit einem ehrlichen Gebet. Etwa so: „Lieber Jesus, es tut mir leid, dass ich ohne dich gelebt habe. Bitte verzeihe mir. Komme in mein Leben und leite mich von nun an. Amen." Wenn das jemand noch nicht gemacht hat, kann er es heute tun. Oder seine einmal gefällte Entscheidung vor Gott neu bekräftigen.

Der Begriff „Pflug" steht auch für harte Arbeit: Heute besteht die Gefahr, dass man sagt: Das Leben als Christ geht locker vom Hocker. Doch das stimmt nicht. Ein Beispiel aus der Zeit des Beginns der Kirche: Das Leben der Apostel war entbehrungsreich und gefährlich. Trotzdem lohnt sich ein Leben als Nachfolger von Jesus, als Christ. Denn Jesus gibt uns jeden Tag die nötige Kraft dazu.

16.5 Jesus warnt uns davor, zurückzublicken
Was heisst „*zurückblickt*"? Es gibt zwei Arten des Zurückblickens. Ein positives und ein negatives:
A) Das Positive ist ein Erinnern an das Gute, das Gott in unserem Leben bereits gewirkt hat: „*Lobe den HERRN, meine Seele, und vergiss nicht, was er dir Gutes getan hat*" (Psalm 103,2 in der Lutherübersetzung). Dieses Zurückblicken auf die Taten Gottes bewirkt, dass wir dankbar werden. David spricht zu sich: Er ermuntert seine Seele. Er befiehlt es seiner eigenen Seele.
B) Jesus redet hier vom negativen Zurückblicken: In die Vergangenheit schauen, ins alte Jahr, Kummer, Sorgen, Ängste, Nöte, Depression, Schuld, Sünde, das Böse. Wenn wir zurückblicken, ergeht es uns wie Lots Frau, die zurückblickte und dadurch zur Salzsäule erstarrte (vgl. 1.Mose 19,26). Auch wir erstarren, wenn wir aufs Schlechte zurückschauen. Es gibt einen Teufelskreis. Wir werden innerlich verklemmt und blicken auf unsere eigenen menschlichen Möglichkeiten. Ein Arbeiter, der pflügt, muss nach vorne schauen, denn falls er „*zurückblickt*", werden die Furchen nicht mehr parallel und er kann seinen Acker nicht optimal bestellen, ihn nicht richtig bebauen und es wird keine gute Ernte entstehen.

Wenn wir nicht „zurückblicken" sollen, wohin sollen wir dann schauen? Zwei andere Bibelstellen geben uns die Antwort darauf: „*Sinnt auf das, was droben ist, nicht auf das, was auf der Erde ist*" (Kolosserbrief 3,2). Wir richten unsere Gedanken und unser Anstrengen auf Gott und die Vermehrung des Reiches Gottes und nicht auf das, was diese Welt an Materiellem zu bieten hat. Wie geht das? Wenn wir in der Bibel lesen, redet Gott mit uns und im Gebet reden wir mit ihm. „*Ich vergesse, was dahinten, strecke mich aber aus nach dem, was vorn ist, und jage auf das Ziel zu, hin zu dem Kampfpreis der Berufung Gottes nach oben in Christus Jesus*" (Philipperbrief 3,13b-14). Das Ziel ist ein Leben im Einklang mit dem Willen Gottes zu führen.

16.6 Konkrete Schritte

Einige Menschen machen sich am Silvester Vorsätze für das neue Jahr. Einer der wichtigsten ist: Ein JA zu Jesus heisst auch ein NEIN zur Sünde. Das bedeutet konkret: Jesus zu lieben und die Sünde zu hassen. Oft geht es mir leider genau umgekehrt: Ich liebe die Sünde und hasse dadurch Jesus. Dann rege ich mich über mich selber auf. Hier hilft ein ehrliches Gebet: „Herr, hilf mir! Herr, erbarme dich! Du siehst meine Schwachheit. Bitte erfülle mich mit deinem Heiligen Geist. Schenke mir die Kraft, dass ich dir gehorchen will und kann. Amen."

16.7 Zusammenfassung

Jesus erklärt uns, wie wir für ihn tauglich sind:
A) Indem wir ihn ergreifen, das heisst: mit einem einfachen Gebet in unser Leben einladen.
B) Es gibt zwei Arten, mit der Vergangenheit umzugehen: Für das Gute, das Gott in unserem Leben bereits gewirkt hat, sind wir ihm dankbar, und das Schlechte deponieren wir beim Kreuz von Jesus. Es muss uns nicht mehr länger beschäftigen. Jesus ist gestorben

und auferstanden, um uns eine Zukunft ohne Sünden, Schuld und Altlasten zu ermöglichen.

C) Was die Zukunft betrifft: wir richten unsere Gedanken auf Jesus aus durch Bibellesen und Gebet und bitten täglich den Heiligen Geist, uns dabei zu helfen.

Fragen zum Nachdenken und Diskutieren

A) Der Zusammenhang der Geschichte von Lots Frau: Zwei Engel erhielten von Gott den Auftrag, die Stadt Sodom zu vernichten, weil die Menschen darin zu böse handelten. Ausserdem sollten die Engel einen Mann namens Lot und seine Familie aus dieser Stadt hinausführen. *„Und sobald die Morgenröte aufging, drängten die Engel Lot zur Eile und sagten: Mache dich auf, nimm deine Frau und deine beiden Töchter, die hier sind, damit du nicht weggerafft wirst durch die Schuld der Stadt! […] Und es geschah, als sie sie ins Freie hinausgeführt hatten, da sprach er: Rette dich, es geht um dein Leben! Sieh nicht hinter dich, und bleib nicht stehen in der ganzen Ebene des Jordan; rette dich auf das Gebirge, damit du nicht weggerafft wirst! […] Die Sonne ging über der Erde auf, als Lot nach Zoar kam. Da ließ der HERR auf Sodom und auf Gomorra Schwefel und Feuer regnen von dem HERRN aus dem Himmel und kehrte diese Städte um und die ganze Ebene des Jordan und alle Bewohner der Städte und das Gewächs des Erdbodens. Aber seine Frau sah sich hinter ihm um; da wurde sie zu einer Salzsäule"* (1.Mose 19,15.17.23-26).

Warum blickte wohl Lots Frau zurück?

B) Bist du der Mensch, der eher zurück in die Vergangenheit, jetzt in die Gegenwart oder nach vorne in die Zukunft blickt? Warum?

17. Wegen guter Führung entlassen?

„Frühmorgens aber kam er [= Jesus] wieder in den Tempel, und alles Volk kam zu ihm; und er setzte sich und lehrte sie. Die Schriftgelehrten und die Pharisäer aber bringen eine Frau, die beim Ehebruch ergriffen worden war, und stellen sie in die Mitte und sagen zu ihm: Lehrer, diese Frau ist auf frischer Tat beim Ehebruch ergriffen worden. In dem Gesetz aber hat uns Mose geboten, solche zu steinigen. Du nun, was sagst du? Dies aber sagten sie, ihn zu versuchen, damit sie etwas hätten, um ihn anzuklagen. Jesus aber bückte sich nieder und schrieb mit dem Finger auf die Erde. Als sie aber fortfuhren, ihn zu fragen, richtete er sich auf und sprach zu ihnen: Wer von euch ohne Sünde ist, werfe als Erster einen Stein auf sie. Und wieder bückte er sich nieder und schrieb auf die Erde. Als sie aber dies hörten, gingen sie, einer nach dem anderen, hinaus, angefangen von den Älteren; und er wurde allein gelassen mit der Frau, die in der Mitte stand. Jesus aber richtete sich auf und sprach zu ihr: Frau, wo sind sie? Hat niemand dich verurteilt? Sie aber sprach: Niemand, Herr. Jesus aber sprach zu ihr: Auch ich verurteile dich nicht. Geh hin und sündige von jetzt an nicht mehr!" (Johannes 8,1-11).

Jesus predigte im Vorhof des Tempels in Jerusalem. Plötzlich schleppen die Gesetzeslehrer und Pharisäer eine Frau zu Jesus. Die Gesetzeslehrer und Pharisäer waren die Theologen von damals, wir würden heute sagen: Die Pfarrer und die Geistlichen, die Schriftgelehrten. Sie wollten sich an das Gesetz von Mose halten, also auch an die Zehn Gebote, in denen es unter anderem heisst: *„Du sollst nicht ehebrechen"* (2.Mose 20,7). In der Bibel sind sie die Gegner von Jesus. Sie wollen immer etwas finden, *„um ihn anzuklagen."* Sie suchen einen Grund, ihn zu töten. Darum stellen sie ihm eine Fangfrage, sie wollen ihn mit ihrer Frage in eine Falle locken: *„Lehrer, diese Frau ist auf frischer Tat beim Ehebruch ergriffen worden. In dem Gesetz aber hat uns Mose geboten, solche* *zu steinigen. Du nun, was sagst du?"* Ein ethisches Dilemma öffnet sich vor uns. Eine Situation, in der man nur zwischen zwei schlechten Möglichkeiten auswählen kann. Egal, wie Jesus antwortet, er handelt falsch. Entweder er antwortet: „Ja, lasst sie hinrichten!" Dann wäre er aber grausam und würde Gottes Liebe nicht so leben, wie er selber immer predigt. Er wäre kein *„Freund der Zöllner und Sünder"* (Matthäusevangelium 11,19) mehr. Die andere schlechte Möglichkeit wäre, falls er erwidert: „Alles halb so schlimm! Easy peasy! Lasst sie leben!" Dann würde er aber den Ehebruch, also die Sünde, das Böse, gutheissen und verharmlosen und gegen das Gebot von Gott verstossen. Was tut Jesus? *„Jesus aber bückte sich nieder und schrieb mit dem Finger auf die Erde."* Die Gegner lassen nicht locker. Sie fragen Jesus nochmals. Dann richtet er sich auf und spricht: *„Wer von euch ohne Sünde ist, werfe als Erster einen Stein auf sie!"* Gemäss dem Alten Testament (3.Mose 24,10-16 und 5.Mose 17,2-7) mussten die ersten Zeugen auch den ersten Stein werfen. Damit übernehmen sie auch die volle Verantwortung für eine Hinrichtung. Jesus sagt mit seinem Satz, dass nur ein Unschuldiger das Recht hat, andere schuldig zu sprechen und hinzurichten. Aber wer von uns ist ganz und gar unschuldig? Niemand! An einer anderen Stelle der Bibel wird dies so ausgedrückt: *„Denn es ist kein Unterschied* [zwischen den Menschen]*, denn alle haben gesündigt und erlangen nicht die Herrlichkeit Gottes"* (Römerbrief 3,22b-23). Mit dieser Aussage zeigt Jesus, dass wir Menschen alle böse und sündig sind. Wie die Ehebrecherin sind wir Sünder und übertreten die Zehn Gebote. Wir haben andere Götter neben Gott und machen uns Abbilder von Gott, wir fluchen oder missbrauchen den Namen von Gott, wir halten den Ruhetag nicht, wir ehren unsere Eltern nicht, stehlen, lügen, betrügen, begehren, brechen die Ehe (vgl. 2.Mose 20,1-17). Das Problem der Schuld und Sünde können wir Menschen nicht lösen. Doch Gott kann es: Gott der Vater sandte seinen Sohn Jesus auf diese Welt. Dies ist das EVANGELIUM, die frohe Botschaft und gute Nachricht. Aber was ist das Frohe und Gute daran? *„Also gibt es jetzt keine Verdammnis für die, die in Christus Jesus sind"* (Römerbrief 8,1). Was heisst: *„für die, die in Christus Jesus sind"*? Diejenigen, die an ihn glauben, die ihm vertrauen, die mit ihm leben wollen.

„Und wieder bückte er sich nieder und schrieb auf die Erde. Als sie aber dies hörten, gingen sie, einer nach dem anderen, hinaus, angefangen von den Älteren." Die Zuhörer waren tief getroffen von diesem Spruch von Jesus. Die Älteren mit mehr Lebenserfahrung, die ihre eigene Sünde schon gut kennen, gehen zuerst. Danach auch die Jüngeren. Jesus *„wurde allein gelassen mit der Frau, die in der Mitte stand. Jesus aber richtete sich auf und sprach zu ihr: Frau, wo sind sie* [= deine Ankläger]*? Hat niemand dich verurteilt?"* Die Frau antwortete erleichtert: *„Niemand, Herr."* Sie benützt die Anrede *„Herr"* für Jesus. Dies zeigt, dass sie Jesus als Gottes Sohn anerkennt, weil im Alten Testament die Anrede *„Herr"* nur für Gott verwendet wird. Die Ehebrecherin glaubt also mittlerweile an Jesus und daran, dass er der Heiland ist. *„Jesus aber sprach zu ihr: Auch ich verurteile dich nicht!"* Jesus ist der einzige, der unschuldig ist. Nur er hätte den ersten Stein werfen können, doch das macht er nicht. Jesus betont: *„sündige von nun an nicht mehr!"* Jesus heisst ihren Ehebruch nicht gut. Die Sünde verspricht uns kurzzeitige Hochgefühle, einen Kick, einen Rausch, Ekstase, Genuss. Doch sie hinterlässt uns leerer und hungriger als zuvor. Wir können der Sünde nicht ausweichen, wenn wir die ganze Zeit an sie denken: „Ich darf nicht sündigen, ich darf das und das nicht tun." Es ist wie, wenn du mit einem Jeep in der Savanne fährst und es weit und breit nur einen einzigen Baum hat. Du schaust diesen Baum an und während du auf ihn zufährst, denkst du stets: „Ich darf nicht in diesen Baum fahren!" Wo hinein fährst du? In diesen Baum natürlich, weil du ihn ja die ganze Zeit anschaust! Ebenso sollen

wir nicht auf die Sünde schauen. Wir brauchen etwas, das besser ist als die Sünde und uns mehr Freude gibt! Was ist das? Der Heilige Geist! Gott erfüllt uns mit dem Heiligen Geist, wenn wir ihn darum bitten. Er macht uns satt. Mit einem Gebet laden wir den Heiligen Geist in unser Leben ein: „Lieber Jesus, bitte erfülle uns mit deinem Heiligen Geist! Nur dann erhalte ich die Freude, die ich mir in meinem Innersten wünsche. Amen." Der Heilige Geist schenkt uns das gratis, was uns die Sünde nie liefern kann: Eine langanhaltende Freude und tiefe Befriedigung unserer Sehnsucht nach Liebe.

Für uns heute bedeutet diese Geschichte: Wir kennen sicher auch Menschen in unserem näheren oder weiteren Umfeld, die eine sexuelle Sünde begangen haben. Beispielsweise jemand, der Ehebruch beging, jemand, der süchtig nach Pornographie ist, jemand, der ins Bordell ging oder eine Frau, die Prostituierte ist oder war, jemand, der vorehelichen Sex hatte, eine Abtreibung vornahm oder Sonstiges. Oftmals ist unsere erste Reaktion, dass wir diese Menschen verurteilen und unseren moralischen Zeigefinger schwingen und auf sie richten. Leider machen auch Christen dies allzu schnell und allzu oft. Wenn wir Jesus in unserem Leben haben, hilft er uns dabei, umzudenken und die Person von ihrem Werk zu trennen. Auch Gott trennt die Person von ihrem Werk. Gott liebt alle Menschen als Personen, aber er lehnt unsere Werke ab, falls sie Sünde sind. Wir meinen vielleicht: Diese oder jene Person wird sich nie ändern. Doch Gott schenkt Veränderungen durch seinen Heiligen Geist! Er schenkt einen Neuanfang! Konkrete Anwendung: Nicht hinterrücks (Mundart: „hinedure") schlecht reden über Personen und ablästern, sondern Gott im Gebet bitten, dass er ihnen begegnet und ihnen die Kraft schenkt, ein Leben mit ihm zu beginnen. Gestern fragte mich eine Konfirmandin: Was hat diese Geschichte mit dem Thema: „Konfirmanden 2013/2014 wegen guter Führung entlassen!" zu tun? Im Gegensatz zu euch Konfirmanden, die wegen eurer Leistung und eurem guten Mitmachen und Mithelfen aus dem Konfirmationsunterricht entlassen werden, wird die Frau WEGEN DER GUTEN FÜHRUNG VON JESUS entlassen. Weil Jesus ein gutes Leben führte auf dieser Welt. Nicht nur ein gutes Leben, sondern das einzig perfekte Leben. Weil Jesus gestorben und auferstanden ist, schenkt Gott ihr die Vergebung ihrer Sünden. Jesus spricht: *„Wer von euch ohne Sünde ist, werfe als Erster einen Stein auf sie!"* Jesus verurteilte weder damals die Ehebrecherin noch verurteilt er heute uns. Deshalb vertrauen wir darauf: *„Also gibt es jetzt keine Verdammnis für die, die in Christus Jesus sind"* (Römerbrief 8,1).

Anmerkungen
A) Das ethische Dilemma hat auch eine politische Komponente: Falls Jesus die Steinigung der Ehebrecherin bejahen würde, käme er in Konflikt mit den römischen Besetzern. Denn damals herrschten die Römer über das Gebiet Judäa und Jerusalem und nur die Römer konnten die Todesstrafe genehmigen (vgl. das Hin-und-Her zwischen Herodes und Pontius Pilatus bei Jesu Prozess).
B) *„Jesus aber bückte sich nieder und schrieb mit dem Finger auf die Erde"* (Johannes 8,6b). Was schrieb Jesus auf die Erde? Es wird nicht erwähnt. Einen Hinweis auf die Bedeutung finden wir im Alten Testament: *„Und die von mir* [= von Gott] *abweichen, werden in die Erde geschrieben werden; denn sie haben den HERRN, die Quelle lebendigen Wassers, verlassen"* (Jeremia 17,13b). Die Schrift im Sand wird rasch verwischt oder verweht. Eigentlich müsste Gott alle Menschen in den Staub schreiben, weil wir sterblich sind.
C) Jesus löst das Alte Testament mit den Forderungen und den Zehn Geboten nicht auf, sondern er erfüllt es (vgl. Matthäusevangelium 5,17). Schon im Alten Testament spricht

Gott: *„Sollte ich wirklich Gefallen haben am Tod des Gottlosen, spricht der Herr, HERR, nicht vielmehr daran, dass er von seinen Wegen umkehrt und lebt?"* (Hesekiel 18,23). Nein, Gott will nicht den Tod des Gottlosen, sondern, dass der Gottlose zu ihm findet und ein erfülltes Leben erhält.

Fragen zum Nachdenken und Diskutieren

A) Dein Körper ist der Tempel des Heiligen Geistes und deine Sexualität ist wertvoll! Setze beide für Gott ein. Lies 1.Korintherbrief 6,12-20.

B) Hast du auch schon einmal erlebt, dass jemand mit einer Fangfrage deinen Glauben blossstellen wollte? Wie hast du reagiert?

18. Zweifelst du an Gott und an Jesus?

„Als aber Johannes im Gefängnis die Werke des Christus hörte, sandte er durch seine Jünger und liess ihm sagen: Bist du der Kommende, oder sollen wir auf einen anderen warten? Und Jesus antwortete und sprach zu ihnen: Geht hin und verkündet Johannes, was ihr hört und seht: Blinde werden sehend, und Lahme gehen, Aussätzige werden gereinigt, und Taube hören, und Tote werden auferweckt, und Armen wird gute Botschaft verkündigt. Und glückselig ist, wer sich nicht an mir ärgern wird" (Matthäusevangelium 11,2-6).

18.1 Zweifel an Gott und Jesus

Johannes der Täufer sitzt im Gefängnis, weil Herodes ihn dort hineingeworfen hat (vgl. Matthäusevangelium 14,3). Plötzlich überfallen ihn Zweifel: Er weiss nicht mehr, ob Jesus der „Kommende" ist, also der kommende Retter, der Messias, der Heiland, der Sohn Gottes (vgl. *„der nach mir kommt"* in Matthäusevangelium 3,11). Mit einem alten Wort ausgedrückt:

Johannes hat Anfechtungen. Sein Glaube ist angefochten, herausgefordert, auf die Probe gestellt. Deshalb schickt er *„seine Jünger"*, also seine Schüler, zu Jesus, um von ihm persönlich eine Antwort zu erhalten. Johannes trägt keine Maske, er sagt offen und ehrlich, dass er Zweifel an Jesus hegt.

Wer ist Johannes der Täufer eigentlich? Er lebt in der Wüste von Judäa und trägt *„Kleidung aus Kamelhaaren und einen ledernen Gürtel um seine Lenden; seine Speise aber waren Heuschrecken und wilder Honig"* (Matthäusevangelium 3,4). Seine Botschaft lautet: *„Tut Busse! Denn das Reich der Himmel ist nahe gekommen!"* (Matthäusevangelium 3,2). Er predigt also, dass Gott seine Herrschaft aufrichtet und die Menschen zu Gott umkehren sollen. Sein Name ist Johannes der Täufer, weil er diejenigen, die zu Gott umkehren wollten, im Jordan tauft, unter anderem auch Jesus (vgl. Matthäusevangelium 3,13-17). Zusammengefasst: Er ist ein komischer Kauz! Eine spezielle Person. Was bedeutet das für uns heute? Gott hat kein Problem mit komischen Käuzen! Mit Menschen, die nicht dem normalen Schema entsprechen! Dies gibt uns Hoffnung. Vielleicht denkst du: „Ich hege Zweifel an Gott und Jesus und mit der Kirche habe ich nicht viel am Hut." Oder du meinst: „Ich bin ein komischer Kauz und Gott will wohl nichts mit mir zu tun haben." Gott liebt dich! Er will eine Beziehung mit dir beginnen!

Was finde ich so tröstend und Mut machend finde: Jesus antwortet eben gerade nicht: „Johannes, was fällt dir ein, an mir zu zweifeln! Schäme dich! Ich bin enttäuscht von dir!" Nein, sondern Jesus geht liebevoll auf seine Zweifel ein. Er nimmt ihn ernst. Jesus geht auch auf unsere Zweifel ein. Auch ich hatte und habe noch immer Zweifel. Zu einem gewissen Grad ist dies normal. In solchen Zeiten hilft mir vor allem die Bibel. Wenn ich in der Bibel lese, dann sehe ich, dass Gott mit normalen Menschen, die ihre Fehler und

Schwächen haben, etwas bewegt auf dieser Welt. Das tröstet mich und gibt mir neuen Mut, Gott zu vertrauen. Auch andere zweifeln, nicht nur ich. Ausserdem tröstet es mich, wenn ich in den Psalmen lese, das sind die 150 Lieder im Alten Testament, wie Menschen mit Gott ringen und ihre Zweifel offen ansprechen. Dies ist befreiend. Wenn wir an Gott zweifeln, hilft es nicht nur, ÜBER ihn zu reden und nachzudenken, sondern auch MIT ihm zu reden. Wir können mit Gott reden im Gebet wie mit einem Freund. Gott wird uns auch antworten. Vielleicht nicht so, wie wir es uns vorgestellt haben, aber er wird antworten.

18.2 Die Wunder von Jesus
„Und Jesus antwortete und sprach zu ihnen: Geht hin und verkündet Johannes, was ihr hört und seht." Jesus verweist auf das, was die Jünger von Johannes erlebt haben: Jesus wirkt Wunder.
Jesus zählt sechs verschiedene Wunder auf:
[1.] *„Blinde werden sehend, und*
[2.] *Lahme gehen,*
[3.] *Aussätzige werden gereinigt, und*
[4.] *Taube hören, und*
[5.] *Tote werden auferweckt, und*
[6.] *Armen wird gute Botschaft verkündigt!"*
Diese sechs Wunder bilden eine Steigerung: zuerst Blinde, die wieder sehen, Lahme, die wieder gehen, Leprakranke, die wieder eine reine Haut haben, Taube, die wieder hören, Tote, die wieder leben und als Höhepunkt: Arme Menschen, die die gute Botschaft hören. Für uns heute bedeutet dies: Gott heilt auch heute noch! Auch im Gebiet Gäu! Vor einem Jahr hatten wir einen Jugendgottesdienst und eine junge Frau, die übrigens auch diesen Gottesdienst besucht hat, litt seit langer Zeit an Schmerzen im Fussgelenk. Eine Operation brachte nicht die erwartete Linderung. Während der Predigt spürte sie eine Wärme an jener Stelle und

nachher betete der Prediger für sie und Gott heilte ihr Fussgelenk! Als kritischer Schweizer dachte ich zuerst: Jetzt mal ganz langsam! Ich wollte abwarten, ob es auch wirklich ein Wunder ist! Deswegen fragte ich sie im Verlauf von mehreren Monaten vier Male, ob sie noch gesund ist, und viermal gab sie mir zur Antwort, dass sie wirklich geheilt wurde. Auch ihre Physiotherapeutin bestätigte dies. Halleluja!

Meine Frau Christina erlebte schon ähnliche Wunder und Heilungen am eigenen Körper und auch, dass Gott andere Menschen heilte.

Diese sechs Wunder bilden eine Steigerung! Im ersten Moment denkt man: Halt! Hier stimmt doch etwas nicht: Das Letzte ist doch sicher nicht das Spektakulärste! *„Armen wird gute Botschaft verkündigt"*?!? Doch: Die Armen und Elenden erhalten Hoffnung. Die Hoffnungslosen müssen nicht mehr in ihrem jämmerlichen Zustand verharren. Heutzutage ist dies beispielsweise in Indien der Fall: Häufig kommen die Ärmsten der Armen, die kastenlosen Unberührbaren, zum Glauben an Jesus und finden dann in einer Kirche eine feste Gemeinschaft, in der jede und jeder einen grossen Wert hat.

Was ist denn nun *„die gute Botschaft"*, die den Armen verkündigt wird? Ich will dich nicht länger auf die Folter spannen! Sie ist das EVANGELIUM, die gute Nachricht und frohe Botschaft. Jeder, der an Jesus glaubt, ihm vertraut und mit ihm in einer Beziehung lebt, muss nicht hoffnungslos sein, sondern erhält ein erfülltes Leben. Genau das wollen wir doch: Ein erfülltes Leben! Jesus schenkt es uns gratis!

18.3 Skandalfall Jesus

Jesus schliesst mit den Worten: *"Und glückselig ist, wer sich nicht an mir ärgern wird!"* Freuen dürfen sich alle, die sich nicht nerven an Jesus. Das Wort *"ärgern"* kann auch übersetzt werden mit *"zur Sünde verführen."* Diejenigen, die Jesus keinen *"Skandal"* (so das griechische Wort) finden, denen Jesus kein Anlass zu Sünde wird. Das ist zugleich „eine Warnung und eine Einladung" (Wilhelm Michaelis), etwas Positives und etwas Negatives. Die positive Einladung lautet: Glücklich ist, wer an Jesus glaubt, weil er eine Beziehung mit Gott erhält. Die negative Warnung: Wir sollen uns nicht ärgern an ihm. Warum sollte Jesus uns stressen? Weil Jesus auch einen Anspruch an uns stellt! Einen gewaltigen und absoluten Anspruch sogar: Wir sollen ihn als Retter anerkennen und an ihn glauben. Dies wird unser ganzes Leben positiv verändern. Einige Menschen ärgern sich an Jesus, weil er beispielsweise spricht: *"Ich bin der Weg, die Wahrheit und das Leben. Niemand kommt zu* [Gott] *Vater als nur durch mich"* (Johannesevangelium 14,6). Dies war vor 2000 Jahren nicht anders als heute. Jesus will, dass wir neben ihm keinen anderen Retter mehr haben, auf den wir unsere Hoffnung setzen. Warum? Er ist eifersüchtig, weil er uns unendlich fest liebt. Ein Vergleich: Ich liebe meine Frau Christina mega fest und möchte auch nicht, dass sie nebenbei noch einen anderen Mann in ihrem Leben hat. Natürlich auch umgekehrt. Ebenso ist es mit Gott: Er will uns ganz für sich haben. Gott liebt uns und wir müssen uns nicht verstellen oder eine Maske tragen. Wir können es gar nicht. Gott nimmt uns so an, wie wir sind. Er verändert uns durch seinen Geist und seine Liebe. Dies ist ein lebenslanger Prozess.

Zusammenfassung
Zweifel an Gott und Jesus
Johannes der Täufer zweifelte an Jesus, aber Jesus verurteilte ihn nicht. Er verurteilt auch uns nicht, wenn wir Zweifel an ihm haben, aber er wünscht sich eine Beziehung mit uns.

Die Wunder von Jesus
Jesus heilte damals und verkündigte den Armen das EVANGELIUM, die frohe Botschaft und gute Nachricht. Er heilt auch heute noch und das EVANGELIUM breitet sich aus.

Skandalfall Jesus
Glücklich sind alle, die sich nicht an Jesus ärgern, sondern an ihn glauben und ihm vertrauen.
Jesus spricht: *„Glückselig ist, wer sich nicht an mir ärgern wird!"*

Fragen zum Nachdenken und Diskutieren
A) Woran zweifelst du im christlichen Glauben? Wie gehst du deine Zweifel an? Ich empfehle zwei Bücher. Timothy Keller „Warum Gott?" In diesem Buch beschäftigt er sich unter anderem mit der Frage, warum der gute Gott das Leid zulassen kann. In seinem Buch „Fragen an das Leben" stellt sich Nicky Gumbel unter anderem die Fragen: Wer ist Jesus? Warum starb Jesus? Warum und wie bete ich? Das Buch enthält ausserdem lustige Bilder. Diese beiden Bücher eignen sich auch gut als Geschenk für jemanden, der Interesse am christlichen Glauben bekundet.
B) Ärgerst du dich manchmal über Jesus? Wann? Warum? Was kannst du tun, um deinen Ärger in Freude zu verwandeln?

Anmerkungen

Schon der Prophet Jesaja hat 700 Jahre vor der Geburt von Jesus einige Wunder vorhergesagt:
[1.] „*Dann werden die Augen der Blinden aufgetan und*
[4.] *die Ohren der Tauben geöffnet.*
[2.] *Dann wird der Lahme springen wir ein Hirsch, und jauchzen wird die Zunge des Stummen*" (Jesaja 35,5-6a).
Ähnliches steht an einer anderen Stelle:
[4.] „*An jenem Tag werden die Tauben die Worte des Buches hören, und*
[1.] *aus Dunkel und Finsternis hervor werden die Augen der Blinden sehen*" (Jesaja 29,18).

Und auch an einer dritten Stelle:

[4.] „*Hört, ihr Tauben!*
[1.] *Und ihr Blinden, schaut her, um zu sehen!*" (Jesaja 42,18).

Und auch an einer vierten Stelle:
[5.] „*Deine Toten werden lebendig, meine Leichen wieder auferstehen. Wacht auf und jubelt, Bewohner des Staubes!*" (Jesaja 26,19a).
Betreffend Aussatz:
[3.] Im Gesetz steht, was zu tun ist, wenn jemand von Aussatz geheilt wird (vgl. 3.Mose 14,1-7).
[3.] Gott heilte Naaman vom Aussatz: „*Da wurde sein Fleisch wieder wie das Fleisch eines jungen Knaben, und er wurde rein*" (2.Könige 5,14b).
Der Höhepunkt, die Verkündigung des EVANGELIUMS, wurde auch vorausgesagt durch Jesaja:
[6.] „*Er* [= Gott Vater] *hat mich* [= den Knecht des HERRN = Jesus] *gesandt, den Elenden frohe Botschaft zu bringen*" (Jesaja 61,1).

Schlusswort oder: Wie weiter?

Wenn dir das Lesen dieses Buches Gewinn gebracht hat und du dir die Frage stellst: Wie kann es weiter gehen? Dann empfehle ich dir, selber die Bibel zu lesen. Am besten beginnst du bei 1.Mose, den Psalmen, einem der vier Evangelien, dem Galaterbrief, dem 1.Petrusbrief oder dem 1.Johannesbrief. Folgende Fragen können dir dabei helfen:

A) Was steht dort geschrieben?

B) Was bedeutet das für mich?

C) Wie kann ich das Erkannte praktisch in meinem Leben umsetzen?

D) Wem kann ich davon erzählen?

Gott spricht zu uns durch die Bibel und im Gebet sprechen wir mit ihm. Im Gottesdienst und im Hauskreis ermuntern wir einander und Gott ermutigt uns.

Danksagungen

Herzlich danke ich Pfr. Rolf Nünlist für seine Anmerkungen zum Manuskript.

Grosser Dank geht an meine Frau Christina, die mich immer unterstützt.

Der grösste Dank gebührt dem dreieinigen Gott, der mich in dieser schwierigsten Zeit meines Lebens, in der diese Predigten entstanden sind, treu durchgetragen hat!

JESUS IST DAS EVANGELIUM!

Quellenverzeichnis

Bücherliste

Augustin, Aurelius. Epistulam Ioannis ad Parthos.

Barth, Karl. Thurneysen, Eduard. Komm Schöpfer Geist: Predigten von Karl Barth und Eduard Thurneysen, München: Kaiser. 1924.

Bonhoeffer, Dietrich. Nachfolge. Gütersloh: Gütersloher Verlagshaus. 6.Aufl. 2015.

Die Gruppen Bibel. Giessen: Brunnen. 2004.

Die Hauskreisbibel. Witten: SCM R.Brockhaus. 2.Aufl. 2014.

Dr. Martin Luthers bisher grossentheils ungedruckte Briefe, Band 2. Verlag Wappler. 1784.

Gumbel, Nicky. Fragen an das Leben. Eine praktische Einführung in den christlichen Glauben. Asslar: Gerth. 2015.

Keller, Timothy. Warum Gott? Vernünftiger Glaube oder Irrlicht der Menschheit? Giessen: Brunnen. 6.Aufl. 2015.

Luther. Martin. Bibel: Die gantze Heilige Schrifft. Band 2. Königswinter: Lempertz. 2008.

Luther, Martin. Brief vom 01.08.1521.

Luther, Martin. Der 23.Psalm.

Luther, Martin. Weimarer Ausgabe. 54,185.

Michaelis, Wilhelm. Das Evangelium nach Matthäus. 1.Teil Kapitel 1-7. Prophezei. Schweizerisches Bibelwerk für Gemeinde. Zürich: Zwingli. 1948.

Pascal, Blaise. Gedanken. Köln: Anaconda. 2007.

Schrage, Wolfgang. Der erste Brief an die Korinther. EKK VII/3. Neukirchen: Neukirchener. 2.Aufl. 2012.

Schwarz, Christian. Die drei Farben deiner Gaben. NCD. 5.Aufl. 2011.

Lied

Frey, Albert. Wo ich auch stehe. In: Feiert Jesus. Holzgerlingen: Hänssler. 2011.

Onlineartikel

Silesius, Angelus. Der cherubinische Wandersmann. http://gutenberg.spiegel.de/buch/cherubinischer-wandersmann-3776/1. 22.07.2016.

Anselm von Canterbury. Cur Deus homo?/Warum ein Gottmensch? http://www.zeno.org/Philosophie/M/Anselm+von+Canterbury/Warum+Gott+Mensch+geworden. 30.06.2016.

Augustin, Aurelius. Vom Gottesstaat. https://www.unifr.ch/bkv/kapitel1919.htm. 30.06.2016.

Bonnke, Reinhard. Interview mit Pat Robertson auf CBN. http://www.lebendigeswort.ch/index.php/26-lebendigeswort/forum/erlebt. 30.06.2016.

Hybels, Bill. Die Ortsgemeinde ist die Hoffnung der Welt. www.idea.de. Artikel vom 08.02.2014.

Bullinger, Heinrich. 2.Helvetisches Bekenntnis. http://www.reformiertekirche.at/downloads/zweites_helvetisches_bekenntnis.pdf 30.06.2016.

Heidelberger Katechismus. www.heidelberger-katechismus.net. 30.06.2016.

Tertullian, Quintus. Gegen Praxeas/Adversus Praxeas. https://www.unifr.ch/bkv/kapitel1905.htm. 30.06.2016.

Verfasser

Michael Freiburghaus, Jahrgang 1986, Theologiestudium in Riehen, Leuven, Bern und Zürich. Offizier (Leutnant) der ABC-Abwehrtruppen. Präsident der Schweizerischen Traktatmission. Seit 2015 Pfarrer in Leutwil-Dürrenäsch, Schweiz.

Weitere Bücher von ihm im gleichen Verlag:

- Gott liebt dich! 10 Predigten zum 1.Johannesbrief.

- Ergreife Jesus! – Von Jesus ergriffen
Aargauer Predigten 2010-2016.

- Jesus: Volkskirche und Anstoss!
Zürcher Predigten 2014-2015.

- Welches sind die Gemeinsamkeiten und Unterschiede zwischen dem Alten und Neuen Testament? Ein Überblick.

Himmel und Erde werden vergehen,
doch Gottes Wort bleibt bestehen!

Die Ewigkeit ist unendlich zu kurz,
um Gottes Liebe zu loben!